charles baudelaire

* 이 도서의 국립중앙도서관 출판시도서목록(CIP)은 서지정보유통지원시스템 홈페이지(http://seoji.nl.go.kr)와
국가자료공동목록시스템(http://www.nl.go.kr/kolisnet)에서 이용하실 수 있습니다.
(CIP제어번호: CIP2014008235)

charles baudelaire

샤를 보들레르 현대의 삶을
그리는 화가

정혜용 옮김

차례

현대의 삶을 그리는 화가   7

01. 아름다움, 유행 그리고 행복   9
02. 풍속 크로키   15
03. 예술가는 세상 속의 인간, 군중 속의 인간, 그리고 어린아이   18
04. 현대성   30
05. 기억의 예술   36
06. 전쟁 연대기   42
07. 화려한 의식과 축제   48
08. 군인   53
09. 댄디   57
10. 여인   64
11. 화장 예찬   68
12. 정숙한 여인들과 아닌 여인들   74
13. 마차들   82

들라크루아의 삶과 작품   97

옮긴이의 글   157
작품해설—기스와 들라크루아: 현대적 삶의 화가와 위대한 화가   165
참고문헌   180

일러두기

1 이 책의 번역 대본으로는 Charles Baudelaire, *Œuvres complètes*, Paris: Gallimard, 1975~1976(Bibliothèque de la Pléiade)를 사용했습니다.
2 본문의 주는 모두 옮긴이가 정리한 것입니다.
3 본문 내 에스테리카(*)가 붙어 있는 미술작품의 경우, 각 장 뒤쪽에 도판을 수록했습니다. 페이지는 따로 명기하지 않았습니다.

현대의 삶을 그리는 화가

01

아름다움,
유행
그리고 행복

루브르 미술관에 가서, 비록 이류라고는 하나 그곳에 잔뜩 걸려 있는 몹시도 흥미로운 그림들에 눈길 한 번 주지 않고 후다닥 그 앞을 지나친 뒤 티치아노의 작품이나 라파엘로의 작품 앞에서, 그러니까 복제화 덕분에 널리 대중적 인기를 얻게 된 작품 앞에서 꿈꾸는 표정으로 한참을 서 있다가 흡족해서 나가는 사람들이 있기 마련이고, 그런 사람들 가운데 "루브르야 내가 잘 알지." 라고 생각하는 사람들이 한둘은 아니다. 그런데, 그런 사람들이 예술가들 사이에서조차 존재한다. 하긴, 예전에 보쉬에나 라신의 작품을 읽었기 때문에 문학사에 통달했다고 믿는 사람들도 존재하니까.

다행스럽게도 가끔씩 소위 정의의 기사들이, 그러니까 비평가, 애호가, 희귀품 수집가들이 나타나 라파엘로 작품에 다 들어 있지는 않다고, 라신의 작품에 다 들어 있지는 않다고, 군소 작가[1]에게도 훌륭한, 균형 잡힌, 감미로운 뭔가가 있다고 힘주어 말한다. 요컨대, 고전 시인 및 예술가들이 표현하는 보편적 아름다움을 무척 사랑한다고 해서, 특수한 아름다움과 우연적 아름다움, 그리고 풍속의 특색을 무시하는 것이 덜 그릇된 것은 아니라고 주장한다.

몇 년 전부터인가, 사람들이 그런 잘못을 조금은 고치게 됐다고 말해야 하리라. 오늘날에는 애호가들이 지난 세기의 예쁘장한 채색판화에 가격을 매기는데, 이는 대중이 필요로 하는 방향으로 일종의 반작용이 일어났음을 입증한다. 드뷔쿠르, 생토뱅 형제,[2] 그 밖의 다른 많은 예술가들이 연구 대상이 될 만한 예술가들의 사전에 등재되었다. 하지만 그 사람들은 과거를 대표한다. 이제 내가 살펴보려고 하는 것은 현재의 풍속화이다. 과거가 흥미로운 것은, 그 과거가 현재였던 예술가들이 그로부터 이끌어낼 줄 알았던 아름다움 때문만이 아니라, 과거로서 그것이 갖는 역사적 가치 때문이기도 하다. 그건 현재도 마찬가지이다. 우리가 현재의 재현으로부터 끌어내는 즐거움은 현재를 감싼 아름다움에서만이 아니라 현재의 본질적 특성에서도 기인한다.

지금 내 눈앞에는 대혁명기부터 얼추 집정 정부 시기에 이르는

---

1 저자는 포에타이 미노레스(poetae minores)라는 라틴어 표현을 사용했다.
2 Philibert-Louis Debucourt(1744~1832), Gabriel(1724~1780)과 Augustin de Saint-Aubin(1735~1807) 형제. 프랑스의 화가, 삽화가 겸 판화가.

기간 동안 생산된 일련의 복식 판화들[3]이 놓여 있다. 지각없는 사람들, 진정한 근엄함을 찾아볼 길 없는 근엄한 사람들이라면 보고 비웃을 그 의복들은 예술적이고 역사적이라는 이중의 매력을 띤다. 그 의복들은 대부분 아름다우며 데생이 섬세하다. 하지만 내게는 적어도 그만큼의 중요성을 띠는 것, 모든 아니 거의 모든 의복에서 되찾게 되어 행복해지는 것, 그것은 그 시대의 윤리와 미의식이다. 인간이 아름다움에 대해 갖는 생각은 그의 몸단장에 속속들이 새겨져서 의복을 구기거나 빳빳하게 만들고, 그의 몸짓에 곡선 혹은 직선을 부여하고, 결국에는 교묘하게 그의 얼굴 표정에까지 침투하게 된다. 인간은 스스로 되고자 했던 모습과 흡사하게 되고 만다. 이 판화들은 아름답게도, 추하게도 옮길 수 있다. 추하게 옮기면 풍자화가 된다. 아름답게 옮기면 고대의 조상(彫像)이 된다.

그런 의복을 걸친 여인들은 그네들에게서 드러나는 우미함 혹은 천박함의 정도에 따라 어느 정도 풍자화를 닮거나 고대의 조상을 닮았다. 산 생명이 걸치면, 우리가 볼 때 지나치게 빳빳해 보이는 것이 굽이치며 흘러내린다. 오늘날에도 관객이 상상력만 발휘한다면 그런 튜닉과 그런 숄이 걸어 다니고 살랑거린다. 우리 자신이 지금 걸친 이 한심한 의복(이 역시 나름의 멋스러움을 갖고

---

[3] 보들레르의 친구이자 출판인인 풀레-말라시가 피에르 라 메장제르(1761~1831)의 판화들을 보내주었고, 보들레르는 1859년 2월 16일자 편지에서 그에게 고마움을 전하고 있다.

있는 건 사실이나, 그 멋스러움은 윤리적이고 정신적인 성질의 것이다)에도 불구하고 멋져 보이는 만큼, 그런 의복을 걸친 우리 아버지들도 멋져 보였는데, 머지않아 우리 아버지들이 걸치던 의복의 부활을 보여줄 연극이 어느 무대에건 오를 날이 곧 올 테고, 만약 영리한 남녀 배우들이 그 의복을 입고 움직인다면 우리는 그것을 놓고 그처럼 경솔하게 웃어댈 수 있었다는 사실에 놀랄 것이다. 과거는 유령의 짜릿한 맛을 간직하면서도 다시 생명의 빛과 움직임을 보여주며 현재가 되리라.

만약 편견 없는 어떤 이가 프랑스의 기원부터 지금에 이르기까지의 복식을 그린 그림들을 빠짐없이 하나하나 넘겨본다면, 그는 거기에서 충격적인 그 어떤 것도, 나아가 놀라운 그 어떤 것도 발견하지 못하리라. 거기에 나타난 변천과정은 동물 진화계통도에서만큼이나 충분히 섬세하게 진행됐을 테니까. 공백 없음. 그러니, 놀라움 없음. 만약 그 사람이 각 시대를 대표하는 삽화에다가, 각 시대가 가장 많이 사로잡혔던 혹은 각 시대를 가장 많이 뒤흔들었던 철학적 사고, 삽화를 보면 절로 떠오르기 마련인 그런 사고를 덧붙인다면, 얼마나 심오한 조화가 역사의 모든 구성요소들을 다스리고 있는지가, 우리에게는 가장 끔찍스럽고 가장 광기 넘치는 듯 보이는 시기일 때도 아름다움을 추구하는 불멸의 욕구가 어떻게 흡족할 때까지 자신의 욕구를 채웠는지가 그의 눈에 드러나게 되리라.

사실, 지금 이 자리는 절대적이고 유일한 아름다움을 주장하는 이론에 맞서, 합리적이고 역사적인 아름다움에 관한 이론을 쌓아올리기에 좋은 기회이다. 아름다움은 비록 그것이 자아내는 인상이 단일할지라도 늘, 필연적으로 이중적으로 구축됨을 보여주기에 그렇다. 인상의 단일함 속에서 아름다움의 다양한 요소들을 구별하기란 어렵지만, 그렇다고 아름다움의 구성에서 드러나는 다양성의 필연적 성격이 약화되지는 않기 때문이다. 아름다움은 영원불변인 요소와 상대적·부수적 요소로 이루어지는데, 전자의 양이 어느 정도라고 꼬집어 말하기란 극도로 어려우며 후자는 번차례로 혹은 한꺼번에 개입하는 시대, 유행, 윤리, 정열이 될 것이다. 이 두 번째 요소는 흥미와 가벼운 흥분과 입맛을 돋우도록 천상의 케이크를 감싼 포장이나 마찬가지여서, 이것이 없는 첫 번째 요소란 인간 본성에 맞게 처리되지 않아서 소화할 수도 음미할 수도 없으리라. 이 두 가지 요소가 담기지 않은 아름다움의 표본을 어떤 것이라도 발견할 수 있으면 한번 해 보라고 말하겠다.

  나보고 고르라면, 나는 역사가 보여준 두 가지 극단적 표본을 고르련다. 종교예술에서는 이중성이 단박에 눈에 띈다. 영원한 아름다움이 담긴 부분은 예술가가 속한 종교의 허락과 그 규범의 준수를 통해서만 드러난다. 우리가 아주 거만스럽게 문명화된 시대라고 규정하는 그런 시대에 속한 여느 세련된 예술가가 그린 가장 경박한 작품에서도 이중성은 동일하게 드러난다. 아름다움에서 불멸의 부분은, 유행이 아니라면 적어도 작가의 특별한 기질을 통해서라도 가려지는 동시에 드러나게 될 것이다. 예술의 이중성은 인간의 이중성에서 비롯된 피치 못할 결과이다. 영원히 존속되는 부분을 예술의 넋으로, 변화하는 부분을 그 몸으로 생각해보는 것도 좋으리라. 바로 이런 이유로 스탕달이 아름다움은 행복의 약속에 지나지 않는다고 말했을 때, 엉뚱하고 짓궂고 역겹기까지 한 정신의 소유자이나 바로 그 뻔뻔스러움이 유익하게도 성찰을 촉발하는 이 인물은 다른 수많은 사람들보다 훨씬 더 진리에 가까이 갔던 것이다. 물론 이런 정의는 과녁에서 빗나간 것이긴 하다. 아름다움을 끝없이 변하는 행복의 이상에 너무 많이 얽어매니까. 그리고 아름다움에서 그 귀족적 성격을 지나치게 경솔하게 벗겨내니까. 하지만 아카데미 회원들의 실수에서는 결정적으로 멀어진다는 엄청난 이점이 있기는 하다.

  내가 이런 설명을 한 게 한두 번이 아니다. 지금 이 글이, 그런 식의 추상적 사고놀이를 좋아하는 사람들에게는 충분한 설명이 되리라. 하지만 프랑스 독자들이라면 대부분이 거의 만족하지 못하리라는 것을 안다. 그래서 내 스스로 서둘러 지금 다루는 주제의 실증적이고 구체적인 부분으로 들어가련다.

02

풍속 크로키

풍속 크로키, 부르주아의 생활 묘사와 복식 예술의 경우, 가장 신속하고 비용이 덜 드는 수단이 물론 최상의 수단이다. 거기에다가 예술가가 아름다움을 더 많이 집어넣을수록 작품은 더 값비싸질 것이다. 그런데 범속한 삶, 외부 사물들의 일상적 변신 속에는 재빠른 움직임이 있어서, 예술가에게 그에 버금가는 재빠른 손놀림을 요구하기 마련이다. 앞에서 말했듯이, 18세기의 다색 판화가 다시금 유행의 총애를 받게 되었다. 파스텔, 동판, 애쿼틴트가 차례차례로 현대의 삶을 담은 그 거대 사전에 자신들의 몫을 제공했고, 그 사전은 장서, 애호가들의 화집, 가장 하찮은 상점들의 진열창 등 여기저기로 퍼져나간다. 석판화는 등장하자마자 얼핏 보기에는 무척 경박해 보여도 막중한 그 임무에 꼭 들어맞음이 곧바로 드러났다. 우리는 이 분야에 진정 기념비적 작품들을 갖고 있다. 가바르니, 도미에[4]의 작품들은 적절하게도 인간 극의 부록이라고 불렸다. 내 확신컨대, 발자크 그 자신도 이런 생각을 받아들이기를 꺼려하지 않았을 텐데, 풍속화가의 재능은 혼합적 성격의 재능, 그러니까 문학적 정신이 상당부분 섞인 재능인 만큼 그런 생각은 더욱더 적절하기 때문이다. 관찰자, 소요객(flâneur), 철학자. 원하는 대로 아무렇게나 그를 불러라. 하지만 이 예술가를 규명하기 위해, 영원한 것들이나 적어도 보다 지속적인 것들, 영웅적이거나 종교적인 것들을 그리는 화가에게 붙일 법한 꾸밈말을 그에게 붙여주게 되지는 않으리라. 때로 그는 시인이다. 그가 소설가나 모럴리스트와 가까워지는 일은 보다 더 잦다. 그는 현상(現狀)의 화가이며, 현상이 시사하는 그 모든 영원한 것을 그리는 화가이다. 나라마다 각 나라의 즐거움과 영광이 될 만한 그런 사람들 몇 명을 소유했다. 현재 우리 나라에서는 머릿속에 가장 먼저 떠오르는 이름들인 도미에, 가바르니에다가, 왕정복고 시대[5]의 수상쩍은 매력을 지닌 여인들을 기록한 역사학자라고 할 만한 드베리아, 모랭, 뉘마, 그리고 와티에, 타세르트, 귀족적인 것들에 대한 사랑이 지나친 게 흡사 영국인 같은 외젠

---

4 Paul Gavarni(1804~1866)와 Honoré Daumier(1808~1879). 19세기 프랑스의 유명 풍자 삽화가.
5 1814~1830. 나폴레옹이 실각하여 제1제정이 몰락하고, 혁명으로 쫓겨났던 부르봉 왕가가 복귀한 시대. 일정액 이상 세금을 납부한 사람에게만 선거권이 주어졌으며, 귀족들이 복권되는 등 반동 정책을 지향했다.

라미, 그리고 가난과 서민의 삶을 기록한 연대기 작가라 할 트리몰레, 트라비에를 덧붙일 수 있겠다.[6]

---

[6] Achille Devéria(1800~1857), Nicolas-Eustache Maurin(1799~1850), Pierre Numa Bassaget(1802~1872), Charles Émile Wattier(1800~1868), Octave Tassaert(1808~1874), Eugène Lami(1800~1890), Louis Joseph Trimolet(1812~1843), Charles Joseph Traviès de Villers(1804~1859). 모두 당대 프랑스의 화가이자 삽화가들이다.

03

예술가는
세상 속의 인간,
군중 속의 인간,
그리고 어린아이

오늘은 독자에게 어떤 독특한 인물에 대해 이야기하련다. 이 인물의 독창성은 어찌나 강력하고 분명한지, 홀로 충분하며 주위의 인정을 구하지조차 않는다. 무수히 많은 사람들이 자신이 가장 설렁설렁 그린 크로키라도 그 아랫부분에 호화찬란하게 찍어놓는 글자들, 이름자를 나타내며 위조하기 꼭 좋은 그런 몇 자의 글자를 서명이라고 한다면, 그가 그린 그림들 가운데 그 어떤 그림에도 서명이 되어 있지 않다고 하겠다. 하지만 그의 작품은 전부 그의 눈부신 영혼으로 서명이 되어 있어서, 그의 작품들을 보고 감탄해 마지않던 애호가들이라면 지금 내가 하려는 작품 묘사를 읽고 쉽게 그의 작품임을 알아볼 것이다. 군중과 익명을 열렬히 사랑하는 C.G. 씨의 독창성은 겸양으로까지 뻗어나간다. 알다시피 예술 일반에 무척 호기심이 많고 직접 자기 소설에 삽화를 그려 넣는 새커리[7] 씨가 어느 날 런던에서 발간되는 자그마한 신문에서 G. 씨를 언급했다. G. 씨는 이에 대해 마치 자신의 내밀한 부분이 침해당한 듯 화를 냈다. 최근에도 내가 그의 정신과 재능에 대해 평가하려는 것을 알게 되자, 자기 작품에 대해서 말할 때 자신의 이름을 지우고 어느 이름 모를 화가의 작품인 것처럼 해달라고 매우 절박하게 청해 왔다. 나는 그 야릇한 욕망에 겸허히 복종하련다. 독자와 나, 우리는 G. 씨가 실존하지 않는다고 믿는 척할 테고, 학자들이 우연히 입수한 귀중한 사료들의 평가 작업을 하면서 사료 작성자를 영원히 밝혀서는 안 될 때 취할 만한 태도로, G. 씨가 특권층답게 대놓고 경멸하는 그의 데생들과 수채화들을 살펴보련다. 더 나아가 조금도 마음에 걸리는 일이 없도록, 그토록 신기하게, 그토록 신묘하게 빛을 발하는 그의 천성에 대해 언급해야 할 일이 생기면 그것은 전부 논의 대상이 되는 작품들을 통해서 암시하는 정도라고 생각하면 될 것이다. 그러니까 현실과 무관한 순수 가정, 추측, 상상의 작업이리라.

G. 씨는 나이가 많다. 장 자크[8]는 마흔두 살에 글을 쓰기 시작했다고들 한다. G. 씨가 머릿속을 가득 메운 그 모든 이미지들에 사로잡혀 히얀색 도화지 위에 잉크와 물감을 쏟아부었을 때가 아마 꼭 그 나이 때쯤이었을 거다. 사실을 말하자면, 그는 야만인

---

7 William Thackeray(1811~1863), 영국의 소설가이자 풍자 작가.
8 프랑스의 계몽 사상가 루소(Jean-Jacques Rousseau, 1712~1778)를 가리킨다.

이나 어린아이처럼, 자기 손가락이 마음대로 돌아가지 않고 도구가 말을 안 듣는다고 화를 내가며 그림을 그렸다. 나는 초보들의 그런 엉성한 작품들을 많이 봐왔는데, 솔직히 털어놓으면 그 방면에 조예가 깊거나 깊다고 자처하는 사람이라도 대부분 그런 종잡을 수 없는 엉성한 그림 속에 잠재되어 있는 천재를 알아보지는 못했을 터이다. 그렇다고 해서 수치스러워할 것까지는 없다. 오늘날 G. 씨는 혼자만의 힘으로 그 직업에 필요한 자잘한 기교들을 전부 알아냈고, 조언에 기대지 않고 스스로 공부하여 나름의 방식으로 강력한 거장이 되었으며, 초기의 소박함에서는 본인의 흘러넘치는 능력에 예기치 못한 짜릿함을 더하기 위해 필요한 것만을 받아들였다. 그는 자신이 젊은 시절에 그렸던 습작들과 맞닥뜨리게 되면 재미있게도, 창피해하거나 화를 내며 박박 찢어버리거나 불태워버린다.

십 년 동안 나는 G. 씨와 알고 지내기를 원했지만, 그는 천성적으로 이 나라 저 나라 돌아다니며 여행하기를 좋아한다. 내가 알기로 그는 삽화를 싣는 영국 신문과 오랫동안 일을 했고, 그 신문사에서는 그가 여행을 다니면서(에스파냐, 터키, 크리미아) 그린 크로키들을 판화로 제작하여 실었다. 나는 그때부터 그가 현장에서 곧바로 그려내는 엄청나게 많은 그림들을 보았고, 그렇게 하여 크리미아 전투에 대한 상세한 일일 보고를 읽을 수 있었는데 어느 종류의 보고보다 더 마음에 들었다. 그 신문은 또한, 같은 작가가 새로 발표된 발레나 오페라를 보고 그린 수많은 작품들을 항상 서명 없이 실었다. 그러다가 마침내 그를 찾아냈을 때, 나는 무엇보다도 내가 지금 상대하는 사람은 엄밀히 말해 예술가라기보다는 차라리 사교계 인사임을 알아보았다. 내가 여기서 사용한 예술가라는 단어는 아주 좁은 의미로, 그리고 사교계 인사라는 말은 사교계를 아주 넓은 의미로 확장해서 이해해주기를 부탁드린다. 세상 속의 인간, 그러니까 세상 전부를 껴안는 인간, 세상과 세상이 돌아가는 신비하고도 합당한 이치를 이해하는 인간. 예술가, 그러니까 전문가로서, 농노가 경작지에 매여 있듯 자신의 팔레트에 매여 있는 사람. G. 씨는 예술가로 불리기를 좋아하지 않는다. 그가 옳은 면도 있지 않은가? 그는 세상 전부에 관심이 있다. 그는 지구상에서 생기는 일이라면 전부 다 알고, 이해하고, 평가하고 싶어 한다. 예술가는 윤리와 정치가 개입하는 세상에서는 겪은 것이 거의, 아니 전혀 없다. 브레다[9]에 사는 사람은 생제르맹에서 무슨 일이 일어나는지를 모른다. 이 자리에서 그 이름을 밝힐 필요가 없는 두세 명을 제외한 대부분의 예술가들은, 이 말은 꼭 해야겠는데 손재간만 뛰어난 무식쟁이, 단순 일꾼, 제 고을에서만 수재, 촌뜨기들이다. 세상 속의 인간은, 이 세상의 시직 시민은, 아주 좁은 범위에 국한될 수밖에 없는 그들의 대화에 금방 진력을 내게 된다.

---

[9] 19세기 초에 늘어나는 주민들의 수요에 맞춰 만들어진 거주지로, 현재의 파리 9구에 위치했다.

그러니, G. 씨를 이해하려면 지금 즉시 이 점을 적어두기를. 즉, **호기심**을 그의 천재성의 출발점으로 볼 수 있다는 점.

아마도 여러분은 이 시대의 가장 뛰어난 문인이 글로 그린 그림(진정, 그것은 그림이랄밖에!)을, 〈군중 속의 인간〉[10]이라는 제목의 그 글을 기억할 것이다. 병마에서 갓 벗어난 어떤 남자가 카페에 앉아 지나다니는 사람들을 바라보며 절묘한 기쁨을 맛보고, 상상력을 동원해 주변 사람들 머릿속에서 오가는 갖가지 생각들에 섞여든다. 그는 죽음의 그림자에서 벗어난 지 얼마 되지 않기에, 움터 오르고 터져 나오는 생기를 기쁨에 떨며 들이마신다. 그는 하마터면 모든 것을 영원히 망각할 뻔했기에 열의에 불타 잊지 않고 모든 것을 기억하려 든다. 그는 언뜻 눈에 띈 낯선 이의 용모에 눈 깜짝할 새에 사로잡혔기에, 허둥지둥 그를 찾아 사람들을 헤치며 나아간다. 이제 호기심은 치명적이며 저항할 수 없는 열정이 되고 말았다!

정신적으로 늘, 갓 병마에서 벗어난 사람의 상태에 놓인 그런 예술가를 떠올려보시라. 그러면 여러분은 G. 씨의 특성을 보여줄 열쇠를 쥐게 되리라.

그런데, 병마에서 벗어남은 어린 시절로 돌아감과 같다. 아이가 그러하듯 병마에서 벗어난 사람은 비록 그것이 겉보기에 더없이 하찮아 보일지라도, 사물에 생생한 흥미를 느끼는 능력을 최

---

10 에드거 앨런 포가 1840년에 쓴 단편소설 〈The man of the crowd〉를 가리킨다.

고도로 누린다. 가능하다면, 회고 능력을 발휘하여 우리가 떠올릴 수 있는 가장 어릴 적의, 가장 이른 인상들로 거슬러 올라가자. 그러면 우리는 특이하게도, 그러한 인상들이 훗날 우리가 육체적 병을 앓고 난 뒤, 물론 그 병이 우리의 정신적 능력을 고스란히 내버려두었을 경우의 일이지만 그때 받은 인상들, 그토록 생생한 색채를 띠었던 인상들과 비슷했다는 사실을 인정하게 되리라. 아이는 모든 것을 새로움으로 받아들인다. 늘 **도취한** 상태니까. 아이가 형체와 색채를 마구 빨아들이면서 느끼는 기쁨보다 더 우리가 영감이라고 부르는 것과 닮은 것은 없다.

  감히 내 생각을 조금 더 밀고 나가 보겠다. 내 단언컨대, 영감이란 **뇌충혈**과 뭔가 관계가 있으며, 모든 숭고한 생각은 소뇌에까지 영향을 주는 다소 강한 신경 발작을 동반하기 마련이다. 천재인 어른이 튼튼한 신경을 갖고 있다면 아이는 허약한 신경을 갖고 있다. 한쪽에게서 이성이 상당한 자리를 차지하고 있다면 다른 쪽에게서는 감성이 거의 전 존재를 차지한다. 그런데 천재란 스스로 원해서 **되찾은 어린 시절**, 스스로를 표현하고자 자신도 모르는 새 쌓인 재료들 전부에 질서를 부여하는, 분석적 정신에 어른의 생식기를 함께 지닌 재능이 풍부한 어린 시절일 뿐이다. 얼굴이나 풍경, 빛, 금박, 색채, 아롱거리는 천, 화장이 아름다움을 보탠 미녀의 매력 등 그것이 무엇이든지간에, 아이들이 새로움 앞에서 본능적인 황홀감을 내비치며 눈길을 떼지 못하는 것은 바로 이 호기심 때문이다. 어느 날 내 친구 중 한 명이 자신은 아주 어렸을 때 아버지가 몸단장하는 모습을 지켜보곤 했는데, 그때 팔의 근육들, 분홍과 노랑기가 비치는 피부색의 농담, 뻗어나간 혈관의 푸르스름한 궤적을 쾌감이 뒤섞인 경이로움으로 바라봤다고 말했다. 그때부터 이미 그는 외적 삶의 광경에 경의를 느꼈고 그것에 정신이 푹 빠졌다. 그는 이미 형체에 끌렸고 그것에 사로잡혔던 것이다. 운명이 일찌감치 드러나기 시작했다. 이미 영벌(永罰)이 떨어졌다. 이 아이가 오늘날 유명한 화가라는 사실을 말해줄 필요가 있을까?

조금 전에 G. 씨를, 늘 갓 병마에서 벗어난 사람으로 생각해달라고 당부했다. 여러분이 그에 대해 좀 더 확실한 생각을 가지려면, 그를 또한 어른-아이라고, 매 순간 어린 시절의 천재성을 지닌 어른이라고, 그러니까 삶의 그 어떤 측면에도 무덤덤해지지 않은 천재라고 생각해보기를.

나는 그를 순수 예술가로 부르는 데 거부감을 느낀다고, 그리고 그 자신도 나서기 꺼리는 귀족다운 성향의 겸양을 내비치며 그런 칭호를 거절했다고 말했다. 그렇다면 나는 기꺼이 그에게 댄디라는 이름을 주련다. 그리고 그러는 데에는 몇 가지 그럴 만한 이유가 없지 않다. 댄디라는 말은 어떤 특별한 성격의 진수를, 이 세상이 돌아가는 그 모든 이치에 대한 섬세한 이해를 포함하기 때문이다. 하지만 다른 관점에서 보면 댄디는 무심함을 열망하는데, 바로 그렇기 때문에 만족을 모르는 열정, 보고 느끼려는 그 열정에 지배당하는 G. 씨는 댄디즘에서 확연히 멀어지기도 한다. 성 아우구스티누스는 아마밤 아마레[11]라고 말했다. G. 씨라면 기꺼이 "나는 열정적으로 열정을 사랑한다."라고 말하리라. 댄디는 무심하거나, 카스트 노선과 원칙에 따라 그런 척한다. G. 씨는 무심한 사람들이라면 질색을 한다. 그는 우스꽝스러움 없이 진지할 수 있는 아주 어려운 기술(섬세한 정신의 소유자들은 내 말을 이해하리라)을 갖고 있다. 그는 여러모로 그럴 자격이 있는 만큼, 나는 그를 철학자라는 이름으로 꾸며주련다. 물론, 형이상학자의 비물질적 왕국을 이루는 사물들이, 눈으로 보고 손으로 만질 수 있는 조형적 상태로 응축된 사물들을 지나치게 사랑하는 그에게서 상당한 혐오감을 불러일으키지 않는다면 말이다. 그러니 그를 라 브뤼에르 같은, 회화계의 순수 모럴리스트 신분으로 한정시키자.

대기가 새의 활동영역이고 물이 물고기의 활동영역이듯, 군중은 그의 활동영역이다. 그의 열정과 그의 직업, 그것은 군중 속에 몸을 섞는 것이다. 철두철미 소요객인 사람과 열정적 관찰자에게 다수를, 사람 물결을, 움직임을, 순간과 무한을 자신의 거처로 삼는 것은 어마어마한 즐거움이다. 자기 집을 벗어나 있기, 하지만 어디서든 자기 집인 양 느끼기. 세상을 바라보기, 세상 한가운데 있으면서 세상 속에 숨어 있기. 이런 것들이 독립적이고 열

---

11 Amabam amare. 라틴어 원문은 "나는 사랑하기를 사랑했다"는 뜻이다(성 아우구스티누스, 《고백록》, 제3권 1장).

정적이며 편향되지 않은 정신의 소유자들이 느끼는 쾌락들, 말로는 어설프게밖에 규정할 수 없는 쾌락들 가운데 몇 가지이다. 관찰자는 여기저기에서 자신의 익명성을 즐기는 군주다. 삶을 즐기는 사람은 이 세상을 자신의 가족으로 삼는다. 여자를 사랑하는 사람이 실제로 발견했거나 발견할 수 있을지도 혹은 없을지도 모르는 아름다운 여인들 전부를 자신의 가족으로 삼듯이 말이다. 그리고 그림을 사랑하는 사람은 캔버스 위에 그려진 이러저런 꿈에 사로잡힌 사람들 사이에서 살아가듯이 말이다. 이렇듯 일반의 삶을 사랑하는 사람은 거대한 전기 에너지 저장소로 들어가듯 군중 속으로 들어간다. 우리는 또한 그 사람을 이 군중만큼이나 거대한 거울에 빗댈 수 있다. 그리고 자신이 움직일 때마다 다양한 모습의 삶을, 삶의 온갖 요소들의 끊임없이 변화하는 우아함을 비춰주는, 인지력을 갖춘 만화경에다가도. 매 순간, 늘 불안정하고 순간적인 삶 그 자체보다도 더 생생한 이미지들로 그를 나타내고 표현해주는 것은 바로 비-자아를 탐하는 만족할 줄 모르는 자아이다. G. 씨와 대화를 나누면 그는 특유의 강렬한 시선과 환기력이 풍부한 몸짓으로 대화를 빛내기 마련인데, 어느 날 그런 대화를 나누던 중에 그가 이런 말을 했다. "정신이 나갈 정도로 통절한 슬픔에도 짓눌리는 법이 없고 인파 속에서는 지겨워하는 사람, 그런 사람은 얼간이예요! 얼간이! 난 그런 사람을 경멸하지요."

G. 씨는 잠에서 깨어 눈을 떴을 때, 쨍쨍한 햇살이 창유리로

쏟아져 내리는 것이 보이면 자책과 후회에 차서 이런 생각을 한다. "이 얼마나 절대적 명령인가! 이 얼마나 떠들썩한 빛의 팡파르인가! 이미 몇 시간 전부터 도처에 빛이 넘쳤는데! 잠을 자느라고 이 빛을 놓쳤다니! 햇살이 비추는 사물들을 무수히 볼 수 있었는데 그것들을 전부 보지 못했다니!" 그는 집을 나선다. 그러고는 생명력의 강이 그토록 장엄하고 그토록 화려하게 흘러가는 것을 지켜본다. 그는 영원한 아름다움과 대도시에서의 삶의 놀라운 조화에 감탄할 뿐이다. 인간의 자유가 빚는 난리법석 속에서도 그토록 섭리에 따라 유지되는 조화에. 그는 대도시의 풍경을, 안개가 쓰다듬고 따가운 햇살에 시달린 석조건물들의 풍경을 응시한다. 그는 근사한 마구를, 사나운 말들을, 제복 차림 마부의 번쩍이는 깔끔함을, 하인들의 능란함을, 굴곡진 몸매를 자랑하는 여인들의 발걸음을, 사는 게 즐겁고 잘 갖춰 입어 행복한 잘생긴 아이들을, 한마디로 일반의 삶을 즐긴다. 만약 유행이나 옷의 재단이 살짝 바뀌었다면, 만약 나비 리본이, 컬을 넣은 머리 모양이 꽃장식에 밀려 한물갔다면, 모자 뒤의 장식 리본이 넓어졌다면, 목덜미 쪽으로 좀 더 내려오게 머리를 틀어 올렸다면, 치마허리가 더 위로 올라가고 폭은 더 넓어졌다면, 엄청나게 먼 거리에서도 그의 매의 눈이 그 사실을 즉각 알아차렸으리라고 생각하라. 아주 먼 곳으로 가게 된 건지, 일개 연대가 대로 주변에 희망처럼 활기차고 가벼운 팡파르를 흩뿌리며 지나간다. 그러면 G. 씨의 눈은 이미 그 부대의 무기, 행진 모습, 특징을 보고, 낱낱

이 살피고, 분석을 마쳤다. 마구, 번쩍거림, 음악, 단호한 시선, 풍성하고 단정한 콧수염, 이 모든 것이 뒤죽박죽 그의 내면으로 들어온다. 그러고 나면 몇 분 뒤, 그로부터 한 편의 시가 만들어진 것과 다름없다. 그의 영혼은 복종 속의 기쁨을 상징하는 자랑스러운 이미지, 바로 한 마리 짐승인 양 걸어가는 이 연대의 영혼과 함께하는 것이다!

어느덧 저녁이 되었다. 하늘에는 장막이 내리고 불빛이 도시를 밝히는 야릇하고 모호한 시간이다. 가스등 불빛이 석양의 자줏빛 위로 점점이 드러난다. 사람들은 성실하든 불성실하든 이성적이든 제정신이 아니든 간에 이렇게 생각한다. "드디어 하루가 끝났네!" 온순한 인물이든 고약한 인물이든 쾌락이 생각나고, 각자 자신이 고른 장소로 망각의 술잔을 들러 달려간다. G. 씨는 빛이 휘황하고 시가 울려 퍼지고 삶이 들끓고 음악이 울리는 곳이라면 그 어디서든 마지막까지 남아 있으리라. G. 씨는 하나의 열정이 그가 볼 수 있게 **포즈를 취할** 수 있는 그 어디서든, 자연을 따르는 자와 인습을 따르는 자가 기이한 아름다움 속에 그 모습을 드러내는 그 어디서든, 태양이 **타락한 동물**[12]의 순간적 기쁨을 비추는 그 어디서든 마지막까지 남는 사람이리라! 우리 모두가 알고 있었던 어떤 독자는 이렇게 생각한다. "물론, 아주 제대로 보

---

[12] "성찰의 상태는 자연에 반하는 상태이고, 성찰하는 인간은 타락한 동물이다." (장 자크 루소, 《인간 불평등 기원론》에서)

낸 하루긴 해. 하지만 우리 모두 그렇게 하루를 채울 수 있을 만한 충분한 재능을 갖고 있지 않은가." 천만의 말씀! 볼 수 있는 능력을 타고난 사람은 거의 없다. 표현하는 능력까지 갖춘 사람은 더더욱 적다. 이제 그 사람은 다른 사람들이 잠든 시간에 작업대 위로 몸을 수그린 채, 좀 전에 사물들을 응시했던 그 시선을 종이 위로 내리꽂고, 연필, 펜, 붓을 휘두르고, 컵 속의 물을 천정까지 튀기고, 펜을 셔츠자락에 닦고, 이미지들이 달아날까 봐 두렵기라도 한 양 서둘러 격렬하고 분주히 움직이며, 혼자 있을 뿐인데 누군가와 드잡이라도 하듯 화닥닥거린다. 그렇게 사물들이 자연보다 더 자연스럽고 아름다움보다 더 아름답게, 특별하게, 저자의 영혼처럼 열광적인 생을 부여받고 종이 위에서 되태어난다. 이제 자연으로부터 환영[13]을 추출해냈다. 기억 속에 들끓던 갖가지 재료들은 분류, 정돈을 거쳐 조화를 이루고 어린아이다운 인지, 그러니까 예리하고 천진난만한 나머지 매혹적인 인지의 결과 그렇듯 피치 못할 이상화를 겪게 된다.

---

[13] phantasmagorie. 이후 발터 벤야민(Walter Benjamin, 1892~1940)의 보들레르 연구에서 핵심개념 중 하나가 된다.

04

현대성

그렇게 그는 걷는다. 달린다. 찾는다. 그는 무엇을 찾는가? 물론, 내가 묘사했던 대로의 그 사람, 활발한 상상력을 타고났고 늘 **광대한 인간 사막**을 가로질러 여행하는 그 고독한 인물은 그저 한갓 소요객의 목표보다는 좀 더 높은 목표를, 좀 더 보편적인 목표를, 상황에 따른 순간적 쾌락과는 다른 목표를 갖고 있다. 그는, 이렇게 불러도 괜찮다면 **현대성**이라고 부를 그 무엇인가를 추구한다. 문제의 그 개념을 표현하기에 이보다 더 좋은 말이 떠오르지 않으니 그리 부르겠다. 그에게는 역사의 흐름 속에서 유행이 담아내게 되는 시적인 그 무엇을 유행으로부터 끌어내는 것, 덧없는 것으로부터 영원한 것을 끌어내는 것이 문제이다. 현대 회화 전시회에 잠깐 눈길을 돌려보면, 화가들이 대체로 그림 속 인물들에게 옛 의상을 입힌다는 사실에 깜짝 놀라게 된다. 대부분이 르네상스 시대에 유행한 옷이나 가구들을 사용한다. 다비드[14]가 로마 시대에 유행한 의상이나 가구를 사용했듯이 말이다. 하지만 거기에는 이런 차이가 있다. 즉 다비드가 특별히 그리스나 로마 시대의 인물들을 골랐기에 그들에게 고대 풍의 의상을 입힐 수밖에 없었다면, 현대 화가들은 어떤 시대에든 꿰맞출 수 있는 보편적 성격의 인물들을 골랐으면서도 그들에게 중세, 르네상스, 혹은 동양의 의상을 입히기를 고집한다는 것이다. 그것이 대단한 게으름의 표시임은 분명하다. 한 시대의 의상 속에 들어 있을 수 있는 비밀스러운 아름다움이 아무리 사소하고 아무리 얕더라도, 그 아름다움을 끌어내려고 애쓰기보다는 그 시대의 의상은 모든 면에서 추하기만 할 뿐이라고 말하는 것이 훨씬 더 편하기 때문이다. 현대성, 그것은 일시적인 것, 순간적인 것, 우연적인 것으로서 예술의 절반을 차지하며 나머지 절반이 영원한 것, 변하지 않는 것이다. 이전의 화가들에게는 저마다의 현대성이 있었다. 지금 우리에게 남아 있는 이전 시대의 아름다운 초상화들 대부분은 당시의 의상을 입은 모습이다. 그 초상화들은 완벽한 조화를 이루고 있는데, 의상, 머리 모양, 더 나아가 몸짓, 시선, 미소까지(시대마다 저마다의 자세와 시선, 미소가 있다) 전체가 하나로 어우러져 완전한 생명력을 발산한다. 일시적이고 순간적인 요소,

---

[14] Jacques-Louis David(1748~1825). 프랑스 혁명기에 고대 영웅들과 나폴레옹 초상화로 유명해진 신고전주의 화가.

변화무쌍한 그 요소, 여러분은 그것을 경멸하고 그것을 포기할 권리가 없다. 그것을 제거한다면, 여러분은 원죄 이전에 존재하던 유일한 여성의 아름다움처럼 추상적이며 규정할 수 없는 아름다움의 허공으로 추락할 수밖에 없다. 당대의 의복이 필요불가결함에도 다른 시대의 의복으로 갈아치운다면, 여러분은 가장무도회가 유행이 아닌 다음에야 변명이 불가능한 비상식적인 일을 저지른 셈이 된다. 그리하여 18세기에 그려진 여신들, 님프들, 술탄의 아내들은 정신적으로 비슷비슷한 초상화가 된다.

그림을 배우려고 옛 거장들의 작품을 공부하는 것은 분명 훌륭한 일이지만, 만약 목표가 현재의 아름다움의 성격을 이해하는 것이라면 그것은 불필요한 훈련일 뿐이다. 루벤스나 베로네세[15]가 그린 주름진 느슨한 옷들로는 고대 풍 물결무늬 직물이나 5매 수자직 외에도 요즘 공장에서 제작되는 또 다른 종류의 직물, 그러니까 페티코트나 빳빳하게 풀 먹인 모슬린 속치마로 부풀어 오르고 살랑거리는 그런 직물들을 그리는 법을 가르치지는 못하리라. 조직과 결이 옛 베네치아에서 쓰이던 천이나 카트린 드 메디시스[16]의 궁전에서 걸치던 천과 같지 않다. 완전히 다른 방식으로 치마와 블라우스를 마름하고, 옷에 주름을 넣는 방식도 새로

---

15 각각 플랑드르와 이탈리아 출신의 바로크 유파 화가.
16 Catherine de' Medici(1519~1589), 이탈리아 메디치가와 프랑스 부르봉가의 혼인에서 태어났다. 이후 프랑스 왕 앙리 2세와 결혼하였으며 그가 죽자 어린 아들 앙리 3세의 섭정을 맡았다.

우며, 현대 여성의 몸짓과 자세가 입고 있는 드레스에 이전 여성들에게서 보이던 것과는 다른 삶과 외관을 부여한다는 점 또한 덧붙이자. 한마디로, 모든 **현대성**이 고대성이 될 가치를 지니려면, 인간의 삶이 거기에 무의식적으로 집어넣은 신비한 아름다움을 추출해내야 한다. G. 씨는 바로 이런 작업에 특히 몰두한다.

앞에서 각 시대는 자신만의 자세와 시선, 몸짓을 지니고 있다는 말을 했다. 이런 주장은 특히 넓은 초상화 전시실(예를 들어 베르사유 전시실)에서 아주 쉽게 확인이 된다. 그런데 이런 주장은 더 확장될 수 있다. 민족이라고 불리는 동질적 단위 내에서도 직업, 계급, 세월에 의해서 몸짓과 태도뿐만 아니라 얼굴의 실질적 형태까지도 변화한다. 내가 이 자리에서 그 기간을 정확히 명시할 수 있다고 주장하지는 않겠지만 계산이 불가능하지는 않을 일정 기간을 이런 코, 그런 입, 저런 이마가 가득 채운다. 이런 식의 사고는 초상화가들에게 그다지 익숙한 것은 아니다. 특히, 앵그르[17] 씨의 가장 큰 단점은 자기 눈앞에서 포즈를 취하고 있는 각기 다른 유형의 인물들에게 고전 개념 총람에서 빌려온 빈틈없는 완성의 상태, 그러니까 다소간 전제적인 완성의 상태를 강요하려 든다는 것이다.

이런 분야에서는 **선험적**으로 추론하는 것이 손쉽고 당연하기

---

[17] Jean Auguste Ingres(1780~1867). 다비드와 함께 프랑스 신고전주의를 대표하는 화가. 각광받던 들라크루아의 낭만주의에 맞서 아카데미적 회화를 옹호했다.

까지 할지도 모른다. 영혼이라고 부르는 것과 육체라고 부르는 것 사이의 영구적 상관관계를 보면 물질적인 모든 것, 그러니까 정신으로부터 흘러나온 그 모든 것이 지금도, 그리고 앞으로도 자신의 기원인 정신적인 것을 어떻게 항상 드러내게 되는지가 썩 훌륭하게 설명된다. 참을성 있고 꼼꼼하나 빈약한 상상력의 화가가 요즘 시대의 고급 매춘부를 그려야 해서 티치아노나 라파엘로가 그린 매춘부 그림으로부터 영감을 얻는다(이는 관용적으로 쓰이는 표현이다)면, 그는 가짜이고 모호하고 난해한 작품을 만들게 될 가능성이 정말 크다. 그 당시에 생산된 걸작을 공부해도, 유행 백과가 **음란한 여인**, 첩, 창부, 화류계 여인이라고 조잡하고 익살맞게 차례로 분류해놓은 그런 여인들 가운데 그 누구의 태도도, 시선도, 찡그린 표정도, 생기 넘치는 모습도 배우지 못하리라.

 이와 같은 비판은 군인, 댄디, 심지어 개나 말 같은 동물, 그리고 한 시대의 외적 삶을 구성하는 그 모든 것에 대한 연구에도 정확하게 적용된다. 순수예술, 논리학, 일반 방법론 이외의 것을 고대에서 찾아 배우려는 자에게 불행이 있을진저! 그는 고대에 푹 빠진 나머지 현대에 대한 기억을 잃는다. 그는 현재 상황이 가져다주는 가치 있는 것들, 이점을 포기한다. 왜냐하면 우리의 독창성 거의 전부가 시대가 우리 감각에 찍어놓은 낙인으로부터 비롯되기 때문이다. 독자는 내가 여인 말고도 수많은 대상을 놓고 나의 주장을 쉽사리 입증할 수 있으리라는 것을 이미 알고 있을 것이다. 예를 들어 현대 선박의 소박하고 우아한 아름다움을 재현해야 해서 고대 선박의 거대한 고물, 잔뜩 꾸미고 비비꼬인 형태들과 16세기의 복잡한 돛단배들을 연구하느라 두 눈을 피로하게 만드는 해양화가(나는 이 가정을 극단까지 밀고 나가보련다)에 대해 여러분은 무슨 생각을 하려나? 그리고 어떤 화가가, 경마 축제에서 이름을 날리고 있는 순종 말을 그려달라고 부탁했더니 미술관 관람에 그치거나, 과거 작품을 전시하는 화랑이나 반다이크, 부르기뇽 또는 판 데르 뮐렌[18]의 작품에 등장하는 말을 바라보는 데 만족한다면 여러분은 그에 대해 무슨 생각을 하겠는가?

G. 씨는 자연의 이끎과 현상의 지배를 받으며 완전히 다른 길을 걸었다. 그는 삶을 지켜보는 것으로 시작했고 나중에서야 삶을 표현하는 방법들을 배우느라 애를 썼다. 그 결과 강렬한 독창성이 나타났고, 그 안에 남아 있을 수도 있는 야만적이고 순진한 그 무엇은 감각에 복종함을 보여주는 새로운 증거로서, 진실의 비위를 맞추는 행위로 보인다. 우리들 대부분, 특히 사업하는 사람들, 그러니까 자연이 자신의 사업과 이해관계에 있지 않다면 그 존재가 눈에 들어오지 않는 사람들은 삶의 환상적 현실을 유난히 무디게 느낀다. G. 씨는 끊임없이 그런 현실을 빨아들이고 그것으로 기억과 두 눈을 가득 채운다.

---

[18] Antoon van Dyck(1599~1641), Jacques Courtois le Bourguignon(1621~1675), Adam Frans van der Meulen(1632~1690). 플랑드르와 프랑스의 화가들로, 여기에서는 시대에 뒤진 옛 화가들의 예로 언급된다.

05
기억의 예술

몇몇 사람들은 나의 펜 끝에서 어쩌면 너무 자주 등장했을지도 모르는 야만성이라는 단어 때문에, 지금 여기서 문제되고 있는 그림들이 관람객이 상상력을 발휘해야만 완벽한 모습으로 변할 수 있는 불완전한 데생이라고 생각할 수도 있겠다. 그랬다면 내 뜻을 잘못 이해한 것이리라. 내가 말하려는 야만성은 필연적이고 종합적이며 어린아이다운 야만성, 완벽한 (멕시코나 이집트 혹은 니네베의) 예술에서 여전히 종종 볼 수 있는 야만성, 사물을 전체적으로 파악하려는 욕구, 사물들을 그 총체적 효과 속에서 바라보려는 욕구에서 비롯된 야만성이다. 이쯤에서 많은 사람들이 종합적으로, 대략적으로 사물을 파악하는 화가들에게 싸잡아 야만성이라는 낙인을 찍었음을 지적해두는 것이 불필요지는 않겠다.

예를 들어 코로[19] 씨는 풍경을 그릴 때 우선 중요한 선들, 그 뼈대와 인상을 그리는 데 열중한다. 자신이 받은 인상을 충실하게 묘사하는 G. 씨는 사물의 절정이나 눈부신 지점들(극적 관점에서는 절정 혹은 눈부신 지점들이라고 할 수 있다)을 본능적 에너지를 발휘하여, 혹은 그 주요 특성들을 때로 인간이 기억하기 좋게 과장하면서까지 강조한다. 그리 되면, 그렇게 막강한 기억술의 영향을 받는 관객의 상상력은 G. 씨의 머릿속에 사물들이 불러일으킨 인상을 선명하게 떠올리게 된다. 이제 관객은 항상 명확하고 황홀한 번역을 다시 번역한 셈이 된다.

외적 삶의 그 전설적 묘사의 생명력에 많은 보탬이 되는 조건이 하나 있다. 내가 말하고자 하는 것은 G. 씨의 소묘 방식에 대한 것이다. 즉시 서둘러서 기록해두고 어떤 소재의 주요한 선들을 기록해둬야 할 위급한 필요가 있는 경우(예를 들어 크리미아 전쟁)가 아니라면, 그는 기억을 따라 그리지 모델을 보고 그리지 않는다. 사실 진정 훌륭한 소묘화가들은 그들 머릿속에 그려진 이미지를 따라서 그리지 자연을 보고 그리진 않는다. 라파엘로, 와토, 그리고 다른 많은 화가들의 감탄할 만한 크로키들을 들먹이며 반박한다면, 그것들은 아주 세밀 ─ 사실이 그렇나 ─ 하기는 하지만 그래봤자 메모에 지나지 않는다고 말해주겠다. 진정한 화가가 본격적으로 작품을 제작하는 단계에 이르렀다면, 그에게

---

[19] Camille Corot(1796~1875). 목가적·낭만적 풍경화로 유명했던 프랑스 화가.

모델은 도움이라기보다는 차라리 장애물이리라. 오래전부터 기억을 활용하고 기억을 이미지들로 채우는 데 익숙한 도미에와 G. 씨 같은 사람들은 심지어, 모델과 모델이 보여주는 수많은 세부사항 앞에서 자신들의 주요 기능이 혼란을 겪고 마치 마비되는 듯이 여긴다.

그 순간, 모든 것을 봐두고 하나도 잊지 않으려는 의지와, 전반적 색채와 실루엣과 윤곽의 우아한 곡선을 맹렬하게 빨아들이는 습관을 가졌던 기억력 사이에 결투가 벌어진다. 그렇게 되면 형태에 대한 완벽한 감각을 갖고 있지만 특별히 자신의 기억력과 상상력을 활용하는 데 익숙한 예술가는, 절대적 평등에 열광한 군중이 노도처럼 일어나듯 세부사항들이 다 함께 정의를 요구하며 일으킨 소요에 공격당하는 느낌을 받는다. 모든 정의는 유린당할 수밖에 없다. 모든 조화는 파괴되고, 희생당할 수밖에 없다. 수많은 저속한 것들이 거대해진다. 수많은 쩨쩨한 것들이 권력을 찬탈한다. 예술가가 공평하게 세세한 것에 관심을 기울일수록 혼란이 증가한다. 그가 가까이를 잘 보든 멀리를 잘 보든 간에 위계질서와 종속관계가 전부 사라진다. 이러한 돌발 사고가 요즘 가장 인기 있는 화가들 축에 드는 어떤 화가의 작품에서 자주 보이던데, 그러한 결함이 군중의 결함과 하도 잘 맞아떨어져서 그게 특이하게도 그의 인기에 도움이 되었다. 비슷한 현상이, 그토록 신비롭고 그토록 심오하나 오늘날에는 데카당스의 혼란 속에 빠져버린 예술 활동, 그러니까 배우의 예술 활동에서도 드러난다.

프레데릭 르메트르[20] 씨는 천재다운 깊이와 폭으로 배역을 만들어낸다. 그의 눈부신 세부연기가 아무리 반짝이더라도 그의 연기는 늘 종합적이고 입체적이다. 부페[21] 씨는 근시안에 깐깐한 관료처럼 자신이 맡은 역을 세밀하게 만들어낸다. 그에게서는 전부 다 빛을 발하나 그 무엇도 보이지 않고 그 무엇도 기억에 남지 않는다.

이처럼 G. 씨의 작품 제작에서는 두 가지가 드러난다. 하나는 과거를 부활시키고 불러오는 기억, 모든 사물에게 "나사로여 일어나라!"고 말하는 기억의 집중이고, 다른 하나는 불길, 연필과 붓 끝에 이는 취기로서 이는 격정의 폭발과 거의 흡사하다. 그것은 충분히 빠르게 나아가지 못하며 환영을 놓치는 바람에 그 전체적 모습을 추출하고 포착하는 일이 실패할지도 모른다는 두려움이다. 또한 그것은 모든 위대한 예술가들을 사로잡아 온갖 표현 수단이 자기의 것이 되기를 그토록 강렬히 열망하게 만드는 두려움이다. 그래야만 정신의 명령이 손의 머뭇거림으로 변질되지 않으니까. 그래야만 작업이, 이상적인 작업이 건강상태가 양호한 남자의 두뇌가 받아들이는 저녁식사 뒤의 소화 작용처럼 무의식적으로 **물 흐르듯** 이루어지니까. G. 씨는 연필로 우선 사물들이 공간에서 차지해야 할 자리만 가볍게 표시하는 것으로

---

20 Frédérick Lemaître(1800~1876). 범죄 멜로드라마로 알려진 프랑스의 연극배우, 극작가.
21 Hugues Bouffé(1800~1880), 프랑스 연극배우.

시작한다. 그러고 나면 주요 전경이 여린 색채와 대강의 덩어리들로 표시되는데, 이것들은 처음에는 가볍게 채색되다가 나중에 다시 칠해지고 계속해서 보다 강렬한 색채로 메워진다. 마지막으로 사물들의 윤곽을 잉크로 확실하게 그려준다. 그것들을 보지 못했더라면 그가 그토록 단순하고 거의 초보적이라고 할 만한 그러한 방식으로 놀라운 효과를 얻어낼 수 있다는 생각은 하지도 못하리라. 이 방식이 갖는 비교할 수 없는 이점은 이렇다. 즉, 그림이 어느 단계까지 진척되었든 각각의 데생이 충분히 완성된 것으로 보인다는 것이다. 원한다면 그것을 습작이라고 불러도 좋지만, 대신 완벽한 습작이라고 불러라. 거기에서는 색의 명암이 전부 완전한 조화를 이루고 있어서, 만약 그가 그것들을 더 멀리까지 밀고 나가기를 원한다면 그것들은 늘 그가 원하는 만큼의 완성도를 향해 곧장 나아갈 것이다. 이런 식으로 그는 매혹적인, 그에게는 즐겁기까지 한 열정과 기쁨을 맛보며 스무 개 남짓한 데생을 동시에 준비한다. 십여 개, 백여 개, 천여 개씩 크로키들이 쌓이고 포개진다. 때때로 그는 그 크로키들을 훑어보고 뒤적이고 검토하다가 몇 개를 골라내어, 색채에 강렬함을 조금 더해보고 음영을 강조하고 밝은 부분을 단계적으로 더 밝게 만든다.

 그는 배경에 엄청난 중요성을 부여하는데, 강렬하든 연하든 그 배경은 늘 형상에 어울리는 특질과 성질을 띤다. 색계와 전반적 조화는 연습이라기보다는 본능에서 비롯된 재능으로 엄격하게 준수된다. G. 씨는 색채화가의 그 신비로운 재능, 연습으로 키울 수는 있으나 연습만으로는 만들어낼 수 없는 진정한 재능을 타고났기 때문이다. 이 전부를 한마디로 말하자면, 우리의 특이한 예술가는 존재들의 장엄하거나 기이한 몸짓과 자세를, 그와 동시에 공간 속에서 그 존재들의 눈부신 분출을 표현한다.

06

전쟁 연대기

불가리아, 터키, 크리미아, 에스파냐는 G. 씨의 눈에는 대규모 축제들이었다. 아니, 우리가 G. 씨라고 부르기로 했던 허구의 예술가의 눈에는 말이다. 때때로, 나서려고 하지 않는 그를 좀 더 안심시키기 위해 그가 존재하지 않는 것으로 가정하리라고 결심했던 것이 생각나서 이렇게 적는다. 나는 그 동방의 전쟁 기록들(유해가 널려 있는 전쟁터, 물자 수송대, 가축과 말의 적재), 삶 그 자체를 그대로 전사한 듯 생생하고 놀라운 그림들, 같은 상황에 놓였더라면 여러 유명하다는 화가들도 경솔하게 무시했을 귀중한 생생함이 담긴 자료들을 살펴보았다. 하지만 그런 화가들 가운데에서 오라스 베르네,[22] 진정한 화가라기보다는 정말이지 연대기 작

---

[22] Horace Vernet(1789~1863), 대규모 전투 및 군대를 주로 다룬 프랑스 화가.

가에 가까운 이 화가만은 기꺼이 예외로 하겠다. 여러분이 G. 씨를 그저 삶의 기록자로만 간주하려 든다면, G. 씨가 좀 더 섬세한 예술가이기는 하지만 베르네 씨와 눈에 띄게 유사성을 보이기는 한다. 그 어떤 신문도, 글로 남긴 그 어떤 이야기도, 그 어떤 책도 크리미아 전쟁이라는 이 거대 서사를 그 모든 세세한 고통 묘사와 그 음울함의 폭넓음에 있어서 그처럼 훌륭하게 표현하지는 못한다. 화가의 눈은 다뉴브 강기슭을, 보스포러스 해안을, 케르송 곶을, 발라클라바 평원을, 인케르만 평지를, 영국, 프랑스, 터키, 피에몬테의 야영지를, 콘스탄티노플의 거리들을, 갖가지 종교적·군사적 제식을 차례차례 오간다.

내 머릿속에 가장 뚜렷하게 새겨진 작품들 가운데 하나가 〈지브롤터의 주교가 스쿠타리에서 행한 장지 축성〉이다. 그 장면은 주위를 둘러싼 동방의 자연과 축성식에 참석한 사람들의 서구식 몸가짐, 유니폼이 대조를 이룸으로써 생생함을 획득하게 되는데, 그 생생함은 강렬하고 암시적인 방식으로, 수많은 몽상이 자욱이 피어오르게끔 재현되어 있다. 병사들과 장교들은 세상 끝에서도, 희망봉의 주둔지와 인도의 식민지에서마저도 벗어던지시 못하는 **젠틀맨 특유**의 태도, 단호하면서도 사려 깊은 태도를 지니고 있다. 영국인 사제들을 보고 있으면, 공증인이나 환전업자가 챙 없는 모자와 커다란 깃 달린 사제복을 입으면 아마도 저렇겠거니 싶다.

이곳은 슘라에 있는 오메르 파샤의 거처이다. 담뱃대와 커피,

터키식 환대. 방문객들은 전부 등받이 없는 긴 의자에 줄줄이 앉아 담배통을 발치에 놓고 취관처럼 기다란 담뱃대를 입에 물고 있다. 이번에는 〈스쿠타리의 쿠르드인들〉이다. 이 기묘한 부대의 모습을 보고 있으면 야만인 패거리가 침입한 것만 같다. 이번에는 터키의 비정규 기병들이다. 함께 자리한 헝가리나 폴란드 출신 유럽 장교들의 댄디다운 모습이, 그들이 거느린 병사들의 뜻밖에도 동양적인 특색을 배경으로 기이하게 도드라진다.

이번에는 근사한 데생이다. 생각에 잠겨 있고 무심한 동시에 도도한 표정의, 풍채 좋고 건장한 인물 단 한 명이 버티고 있다. 커다란 장화가 무릎 위까지 올라오고, 빠짐없이 단추를 채운 묵직하고 폭넓은 외투가 군복을 가리고 있다. 그는 시가에서 피어오르는 연기 사이로 음산하고 안개 자욱한 수평선을 바라보는 중이다. 부상당한 팔 한쪽은 삼각붕대에 걸쳐져 있다. 데생 아랫부분에 연필로 휘갈겨놓은 글을 읽어본다. "인케르만 격전지의 캉로베르 원수. 현장 스케치."

딱딱하게 군은 얼굴로 하늘을 보고 있는 시신들이 기이한 자세로 쌓인 사이에서 말이 땅 냄새를 맡으며 제 갈 길을 찾는 동안, 고개를 꼿꼿이 들고 전장에서 피어나는 끔찍한 시(詩)를 들이마시기라도 하는 듯한 표정의 인물, 이토록 생생하게 묘사된 모습에 콧수염이 희게 센 이 기병은 누구인가? 데생 아랫부분의 한 귀퉁이에서 "인케르만에서의 나"라는 글귀를 읽을 수 있다.

바라구에 딜리에 씨가 베쉬크타에서 터키 군사령관과 함께 포병대를 사열하는 모습이 눈에 들어온다. 이보다 더 실물을 닮은, 이보다 더 대담하고 영리한 손으로 그려놓은 군인 초상화를 봤던 적은 정말 드물다.

시리아의 다마스쿠스에서 벌어진 기독교인 학살 이래 음울한 명성을 얻은 이름이 내 눈에 들어온다. "칼라파트의 총사령관 아흐메트 파샤가 참모와 함께 숙소 앞에 서서 유럽인 장교 두 명을 소개받다." 아흐메트 파샤는 터키인이 흔히 그렇듯 배가 불룩함에도 불구하고, 자세와 용모에서 지배계급 특유의 귀족적 당당함을 풍긴다.

발라클라바 전투는 이 묘한 화집에 여러 모습으로 등장한다. 가장 눈에 띄는 것들 가운데에는 계관시인 알프레드 테니슨이 영웅적으로 노래했던 영국군 기병들의 역사적 돌격[23]도 들어 있다.

수많은 기병들이 대포 연기가 자욱하게 피어오르는 가운데 지평선까지 놀라운 속도로 달려간다. 저 뒤쪽 경치는 나란히 늘어선 푸르른 언덕들로 가로막혀 있다.

화약 연기의 난무와 살육의 어수선함으로 슬픔에 젖은 눈길에 때때로 종교화들이 휴식을 준다. 여러 부대가 뒤섞인 영국군 병사들 사이에서 스코틀랜드 군인들의 킬트 군복이 눈에 확 띄는 가운데, 성공회 사제가 일요일 미사를 집전하고 있다. 바닥에 붙

---

[23] 크리미아 전쟁 중 영국군과 러시아군이 벌인 전투(1854. 10. 25〔구력 10. 13〕). 승패가 판가름나지는 않았으나, 영국 시인 테니슨이 쓴 〈경기병 여단의 돌격(Charge of the Light Brigade)〉이라는 작품의 소재가 된 전투로 유명하다.

여놓은 두 개의 북 위에 북을 또 하나 올려놓고 독서대처럼 쓰고 있다.

사실 달랑 펜 하나로, 너무나 광대하고 너무나 복잡한 수많은 크로키들로 이루어진 이 시를 해석하고, 종종 고통스럽기는 하나 눈물을 쥐어짜려 들지는 않는 그 풍경, 예술가가 하루의 기억을 풀어놓으면서 느꼈을 혼돈과 동요를 증언하는 얼룩과 찢긴 흔적이 남아 있는 수백 장의 그림으로 쌓아올린 그 풍경이 자아내는 도취감을 표현하는 일은 어렵다. 저녁 무렵, 우편배달부는 런던으로 G. 씨의 메모와 그림을 운반하는데, 이처럼 G. 씨는 애타게 기다리고 있을 신문사의 판화가들과 구독자들을 위해 얇은 반투명 종이에 즉석에서 그린 십여 장의 크로키들을 종종 우체국에 맡겼다.

때로는 공기 자체가 병들고, 슬프고, 무겁게 여겨지는 이동 야전병원들이 나타난다. 침상마다 고통을 담고 있다. 때로는 페라 병원을 보여주는데, 르 쉬에르[24]가 그린 인물들처럼 길쭉하고 창백하고 꼿꼿한 자원봉사 수녀 두 명이 아무렇게나 옷을 걸친 방문객과 이야기를 나누고 있는 모습이 보인다. 그 방문객을 가리키는 야릇한 글귀는 이렇다. "나의 변변찮은 모습." 이번에는 지나간 전투의 잔해가 흩어져 있는 울퉁불퉁하고 꼬불꼬불한 오솔길로 노새, 당나귀 혹은 말들이 양 옆구리에 매달린 커다란 의자

---

[24] Eustache Le Sueur(1616~1655), 프랑스 고전주의 양식의 대표적 화가 중 하나.

에 핏기 없이 늘어진 부상병들을 싣고서 천천히 나아간다. 타타르인들이 모는 낙타들이 당당한 가슴팍을 내보이며 고개를 꼿꼿이 쳐든 채, 광막한 눈밭 위로 온갖 종류의 식량과 군수품을 끌고 간다.

그건 온통 전투와 생기와 분주함과 침묵의 세계이다. 그건 야영지, 온갖 물품들이 골고루 쌓여 있는 시장, 상황에 맞춰 급조된 일종의 야만의 도시들이다. 전투를 치르느라 다소 손상되고, 두툼한 외투와 무거운 신발이 더해지는 바람에 모습이 변한 여러 국가의 군복들이 막사들 사이로, 돌투성이 혹은 눈투성이 길 위로, 좁은 길들 사이로 돌아다닌다.

그 화집의 그림들은 지금은 여러 장소에 흩어져 있고 그중 가장 귀중한 그림들은 판화 제작을 담당한 판화가들과 〈일러스트레이티드 런던 뉴스(Illustrated London News)〉의 편집자들 수중에 있는데, 그 화집을 황제[25]가 보지 못했다는 것이 안타깝다. 황제라면 호의와 적잖은 연민을 품고, 군인이자 예술가가 그토록 단호하고 그토록 영리한 손길로 그려낸 군인들의 행적을, 가장 혁혁한 행위에서부터 가장 평범한 일상사에 이르기까지 그날그날 하나도 빼놓지 않고 세세하게 묘사한 그 행적을 꼼꼼하게 들여다봤으리라는 생각이다.

---

25 나폴레옹 3세(1808~1873, 재위 1852~1870).

07

화려한 의식과 축제

터키 또한 우리의 친애하는 G. 씨에게 감탄할 만한 작품 소재들을 제공해줬다. 예를 들어 바이람 축제. 군주의 영원한 권태가 그 넘쳐흐르는 강렬한 화려함을 배경으로 희끄무레한 태양처럼 나타난다. 군주 왼편에는 민간인 신분의 각료들이, 오른편에는 당시 콘스탄티노플에 머무르고 있던 이집트의 군주 사이드 파샤를 선두로 군인 신분의 각료들이 정렬해 있다. 궁 옆의 자그마한 회교사원을 향해 행진하는 수행원들과 장엄한 의전, 그리고 그 무리 속에 섞여 있는 터키 관리들. 데카당스의 진정한 풍자라 할 이 관리들은 자신이 올라탄 근사한 말들을 어마어마하게 뚱뚱한 몸뚱어리로 짓눌러대고 있다. 육중한 마차들, 동방의 변덕스러움으로 금칠하고 장식해놓은 루이 14세 시대풍의 사륜마차들. 얼굴에 찰싹 달라붙은 모슬린 천에 눈만 보이게 내놓은 틈새 사이로 묘하게 여성스러운 눈빛들이 가끔씩 솟아오른다. 제3의 성(발자크가 썼던 이 익살스러운 표현[26]이 이 경우에야말로 꼭 들어맞았는데, 그 흔들리는 빛들의 난무, 헐렁한 옷들의 펄럭거림, 뺨과 눈과 속눈썹을 진하게 강조한 화장, 열광적이고 발작적인 춤사위, 허리춤에서 물결치는 긴 머리타래 사이로 남성다움을 알아차리기란 불가능하지는 않을지언정 쉽지는 않을 테니까)을 타고난 무용수들의 격렬한 춤. 끝으로, '유혹'(동양에 대해서도 유혹의 사교술이라는 말을 할 수 있다면)을 파는 여인들. 대체로 헝가리, 루마니아, 유대, 폴란드, 그리스, 그리고 아르메니아 출신인데, 독재정부 치하에서 매춘 종사자들을 가장 많이 제공하는 것은 억압받는 민족들, 특히 그중에서도 가장 많이 고통 받았던 민족들이기 때문이다. 그 여인들 가운데 어떤 이들은 전통의상을, 그러니까 소매가 짧고 수놓은 윗도리, 늘어진 숄, 통 넓은 바지, 신발 코가 살짝 들린 가죽신, 줄무늬 혹은 금박으로 장식한 모슬린 천 의상에 고국의 장신구들을 걸치고 있었다. 다른 여인들은, 이 경우가 압도적이었는데 여성에게는 서구 문명의 주요 표상인 페티코트를 택했고, 그런 식으로 치장했음에도 어느 구석엔가 동양 특유의 느낌이 남아 있어서 파리의 여인들이 변장하려 했더라면 그랬을 법한 모습이다.

---

[26] 발자크의 장편소설《애첩들의 영광과 비참(Splendeurs et misères des courtisanes)》(1838~1847)에서 동성애자를 '제3의 성'이라 칭한 것을 가리킨다.

G. 씨는 공식적인 자리의 호사스러움, 국가 의식과 축제를 그리는 데 아주 뛰어난데, 그런 작업을 그저 돈벌이가 되는 고역으로 치부하는 화가들처럼 냉정하고 전문적으로 그리지 않고, 공간과 원근감, 군복과 궁정 의상의 표면에 방울지거나 섬광처럼 튀어 오르고 넓게 퍼지거나 분출하는 빛에 반한 사람의 열성을 남김없이 쏟아 부어가며 그린다. 〈아테나 성당에서 거행된 독립 기념 축제〉는 바로 그런 재능을 잘 보여주는 흥미로운 예이다. 각자 맞춤하게 자리 잡은 그 모든 자잘한 인물들은 그들을 담아낸 공간에 더한층 깊이를 부여한다. 성당은 거대하고 화려한 걸개천으로 장식되어 있다. 연단 위에 서 있는 그리스의 오톤 왕[27]과 왕비는 전통의상을 걸쳤는데, 자신들의 귀화의 진정성과 가장 정제된 고대 그리스적 애국심을 보여주려는 듯 놀라울 정도로 자연스럽게 의상을 소화하고 있다.

왕은 멋쟁이 그리스 용병처럼 허리를 졸라맸고, 그가 걸친 치마는 그 나라의 멋쟁이들 취향을 따라 나팔처럼 한껏 퍼져 있다. 국왕 부처 앞으로 걸어 나가는 총주교는 어깨가 굽었고 흰 수염이 풍성하며 작은 두 눈은 녹색 안경알에 가렸는데, 동양 특유의 완벽한 침착함이 온몸에서 풍겨나고 있다. 이 그림을 가득 메운 등장인물들 각각이 전부 초상화라고 할 수 있는데, 그 가운데 가

[27] 1832년 런던 조약에서 영국, 프랑스, 러시아는 오스만 제국으로부터 그리스를 독립시키고 1833년 바이에른의 왕자였던 오토를 그리스의 국왕으로 선출한다. 오톤은 오토의 그리스식 이름이다.

장 흥미로운 하나는 왕비를 수행하는 어떤 독일 부인의 초상화로서, 가장 그리스적이지 않은 그 모습이 기이하여 흥미롭다.

  G. 씨의 그림들을 넘기다보면 프랑스의 황제를 종종 만나게 되는데, G. 씨는 닮은 느낌을 훼손하지 않고서도 그 얼굴을 완벽한 크로키로, 약식 서명하듯 확실하게 그린 크로키로 단순하게 표현해냈다. 때로 황제는 누군지 쉽게 알아볼 수 있는 장교들을 거느리고 유럽, 아시아 혹은 아프리카에서 온 외국의 군주들을, 말하자면 파리 식 예우 차원에서 대동하고서, 빠르게 말을 달리며 열병식을 치른다. 때로 황제는 왼쪽에는 승마복 차림의 황비를, 오른쪽에는 깃 달린 근위병 모자를 쓰고 어린 말 위에 군인처럼 꼿꼿이 앉은 황태자를 거느리고, 네 개의 다리가 달린 탁자처럼 튼튼하게 버티고 선 말 위에 꼼짝도 않고 앉아 있다. 황태자가 타고 있는 털이 뻣뻣한 어린 말은, 영국의 예술가들이라면 기꺼이 자신들이 그린 풍광 속에 풀어놓을 법한 조랑말과 닮았다. 때로 황제는 불로뉴 숲의 오솔길에 이는 빛과 먼지의 소용돌이 한가운데로 사라져간다. 또 어떤 때는 생탕투안 지역에서 군중의 환호를 뚫고 천천히 거닌다. 나는 그런 수채화들 가운데에서도 특히 한 수채화의 마력적 특색에 홀렸다. 장중하고 위풍당당한 호사스러움으로 치장된 칸막이 좌석의 앞쪽에 차분하고 침착한 태도의 황후가 모습을 보인다. 황제는 마치 연극무대를 더 잘 보려는 듯 몸을 살짝 앞으로 기울이고 있다. 아래쪽에는 근위병 이백 명이 조명에서 반사된 빛을 군복에 받으며 군인다운, 거의 종교적

이라고 할 만한 부동자세로 서 있다. 줄줄이 설치된 조명 뒤로, 무대의 몽환적 분위기에 잠긴 배우들의 노래와 낭송과 몸짓이 어우러진다. 맞은편에는 희미한 빛의 심연이, 각 층마다 사람 얼굴로 가득한 원형 공간이 펼쳐진다. 샹들리에와 군중의 모습이다.

1848년의 민중 운동과 클럽들, 그리고 여러 가지 의식 또한 G. 씨에게서 일련의 생동감 넘치는 작품들로 탄생했고, 〈일러스트레이티드 런던 뉴스〉는 그 대부분을 판화로 제작해 실었다. 에스파냐에서의 체류는 그의 재능에 여러모로 유익했고, 그러고 나서, 그러니까 몇 해 전에 그는 동일한 성격의 화집을 다시 한 번 만들었는데, 나는 그중 몇 작품만을 보았다. 그가 무심하게 자신의 그림들을 주거나 빌려주는 바람에 종종 돌이킬 수 없는 작품 분실이 발생한다.

08

군인

이 예술가가 선호하는 주제들이 속한 장르를 다시 한 번 규정하자면 그것은 삶의 화려한 의식, 문명세계의 수도에서 만나게 되는 모습 그대로의 화려한 의식, 군인의 삶, 우아한 삶, 사랑의 삶에 따르는 화려한 의식이다. 격렬하고 맹렬한 즐거움이, 전쟁과 사랑과 도박 등 인간의 감정이 오리노코 강물처럼 장대하게 흐르는 곳이면 어디든지, 우리의 관찰자는 늘 정확하게 자기 자리에 위치한다. 이 행복과 불운의 커다란 조각들을 담아내는 축제와 상상의 산물이 한창인 곳이라면 그 어디든지. 그는 특히 군내, 군인에 대한 애정을 두드러지게 드러내는데, 내 생각에 그러한 애정은 영혼에서부터 흘러나와 자세와 얼굴에서까지 배어나오는 전사의 덕목과 자질에서뿐만 아니라 전사를 휘감은 화려한 치장에서도 비롯된다. 폴 드 몰렌 씨가 군인의 세련된 몸치장에 대해,

각국 정부가 기꺼이 자기나라 군대에게 입혀놓는 그 번쩍거리는 의상의 정신적 의미에 대해, 매혹적인 동시에 적확한 짧은 글을 쓴 적이 있다. G. 씨라면 그 글에 기꺼이 본인의 서명을 하리라.

우리는 앞에서 시대마다 보여주는 특별한 아름다움의 고유한 표현에 대해 이야기했고, 또한 세기마다 이를테면 독창적인 우미함을 지니고 있음을 보았다. 직업에 대해서도 이와 똑같은 언급을 할 수 있다. 직업마다 자신이 복종하는 정신적 원칙으로부터 외적 아름다움을 이끌어낸다. 어떤 직업들에 있어서는 힘이 이러한 아름다움에 표식을 남기고, 또 다른 직업들에 있어서는 나태함의 표식이 두드러지게 보일 것이다. 그건 마치 성격의 상징물 같은 것이고, 운명의 낙인이다. 전체적으로 봐서 군인은, 댄디나 화류계 여인이 본질적으로 다른 풍의 고유한 아름다움을 갖고 있듯 자신만의 아름다움을 갖고 있다. 사람들은 내가 전적인 격렬한 육체활동으로 근육이 망가지고 얼굴에는 예속의 표정이 배게 되는 직업들은 무시하는 것이 당연하다고 생각하겠지만 말이다. 놀람에 익숙해진 군인은 쉽게 놀라지 않는다. 그러니까 이 경우 아름다움의 특별한 표식은 군대식 무심함, 침착함과 오만의 묘한 뒤섞임이리라. 그것은 매 순간 죽을 각오가 되어 있어야 할 필요에서 나온 아름다움이다. 그런데 이상적 군인의 얼굴이라면 위대한 단순함이 드러나야 하리라. 수도사들이나 학생들처럼 공동생활을 하며 일상의 근심을 추상적 부성(父性)에 전가하는 데 익숙한 군인들은 많은 점에 있어서 아이들처럼 단순하기 때문이다. 그리고 아이들처럼, 과제를 마치고 나면 쉽게 즐거워하며 격렬한 유흥에 빠져든다. G. 씨의 크로키와 수채화를 보고 있으면 이러한 모든 정신적 고찰이 자연스럽게 솟아나는데, 나는 나의 이런 말이 과장이라고는 생각하지 않는다. 그의 작품에는 그 어떤 군인 유형일지라도 빠짐없이 전부 다 있고, 그들 모두 일종의 열광적 기쁨과 더불어 표현되고 있다. 진지하고 서글픈 표정의 나이 든 보병장교는 그 뚱뚱한 몸뚱어리로 올라탄 말을 괴롭히고 있다. 우아한 참모장교는 허리에 다트가 잔뜩 들어간 옷을 입고 어깨를 건들거리며 거리낌 없이 부인네들이 앉아 있는 안락의자 위로 몸을 기울이고 있는데, 그 뒷모습을 보면 제일로 날씬하고 제일로 우아한 곤충들이 생각난다. 알제리 보병과 원주민 부대 보병은 태도에서 대담함과 독립심의 극단적 성격이 엿보이고 개인의 책임감이 보다 생생하게 느껴진다. 몸놀림이 가벼운 기병은 민첩하고 쾌활하며 경쾌한 태도를 보여준다. 종종 안경이라는 그다지 전투에 어울리지 않는 도구로 확인되듯, 포병대와 공병대 같은 특수부대의 군인들은 어딘가 전문적이고 학구적인 모습을 보여준다. 그러한 모델들 가운데 그 어떤 모델도, 그러한 미묘함들 가운데 그 어떤 미묘함도 소홀히 취급되지 않으며, 모든 것이 여일한 애정과 여일한 재치로 요약되고 규정된다.

  지금 나는 포병 종대의 선두를 묘사한, 그 전체적 모습이 진정 영웅적으로 느껴지는 그림들 가운데 하나를 내려다보고 있다. 이 군인들은 아마도 이탈리아에서 돌아오다가 수많은 사람들이 열광하자 대로변에 잠깐 멈춰 선 모양이다. 아니면 롬바르디아로 가는 긴 여정을 막 마친 참인 듯하다. 정확히는 알 수 없다. 눈에 보이는 것, 확실히 알 수 있는 것은 태양과 비와 바람에 그을린 모두의 얼굴에서 가만히 있을 때조차 나타나는 단호하고 대담한 성격이다.

바로 여기에 복종, 그리고 다 함께 견뎌내는 고통이 만들어낸 표정의 획일성이 있다. 오랜 피로에 시달린 용자(勇者)의 체념한 표정. 접어올리고 각반을 친 바지, 먼지에 뒤덮이고 살짝 색 바랜 외투, 그러니까 야릇한 모험을 겪은 뒤 먼 길을 온 사람들에게서 떠나지 않는 모습이 장비들에서마저도 나타났다. 이 군인들은 전부 다른 사람들보다 더 허리를 곧추세우고, 두 발로 더 단단히 더 꼿꼿하게 버티고 선다. 늘 이런 종류의 아름다움을 쫓았고 그런 아름다움을 아주 자주 발견하기도 했던 샤를레[28]가 이 그림을 봤더라면, 몹시 강렬한 인상을 받았으리라.

---

[28] Nicolas-Toussaint Charlet(1792~1845), 군인들의 생활을 주로 다룬 프랑스 화가.

09

댄디

부유하고, 한가롭고, 매사 심드렁하기까지 해 행복을 쫓아다니는 것 말고는 다른 할 일이 없는 사람. 사치를 누리며 자랐고, 어려서부터 다른 사람들의 복종에 익숙한 남자. 요컨대 그는 세련미 말고는 다른 직업이 없어서, 언제고 늘 튀는 겉모습을 즐길 것이다. 댄디즘은 모호한 제도로서 결투만큼이나 기이하다. 그리고 아주 오래된 것이기도 하다. 카이사르, 카틸리나, 알키비아데스는 그 분명한 유형들을 우리에게 보여준다. 그리고 댄디즘은 아주 보편적이기도 하다. 샤토브리앙이 신세계의 숲과 호숫가에서도 그것을 발견했으니까.[29] 법제도 바깥의 제도인 댄디즘은, 자

---

29 프랑스 작가 샤토브리앙이 아메리카를 탐험한 후 인디언들의 삶을 낭만적으로 서술한 소설 《아탈라》(1801)와 《나체스》(1826)를 가리킨다.

신이 거느린 신민들의 성격이 아무리 격렬하고 독립적이라 할지라도 그들 전부가 철저하게 따르는 엄격한 법들을 갖고 있다. 영국의 소설가들이 다른 나라의 소설가들에 비해 하이 라이프[30]를 그린 소설을 더욱 발전시켰다면, 드 퀴스틴[31]처럼 특별히 연애소설을 쓰기를 원했던 프랑스 작가들은 신경 써서 작품 속 인물들에게 아주 적절하게도 제법 막대한 재산을 부여하여, 그들에게 변덕스러운 욕구가 치밀 때마다 망설임 없이 그 비용을 치를 수 있게 해줬다. 그리고 직업은 아무것도 주지 않았다. 그 존재들은 자기 안에서 미의 관념을 계발하고, 자신들의 열정을 충족시키고, 느끼고 생각하는 것 이외의 다른 할 일은 없다. 이렇게 그 존재들은 마음대로 쓸 수 있는 어마어마한 시간과 돈을 갖고 있는데, 그렇지 않다면 변덕스러운 욕구는 스쳐가는 꿈에 지나지 않아 행동으로 옮겨질 가능성이 거의 없다. 여가와 돈이 없다면 사랑은 평민의 질펀한 놀음이나 부부간 의무의 완수일 수밖에 없다는 것이 불행하게도 사실이다. 사랑은 불타오르는 혹은 꿈 같은 갑작스러운 열정이 아니라 혐오스러운 **유용성**이 된다.

내가 댄디즘 이야기를 하다가 사랑 이야기를 꺼낸 것은 사랑이 한가한 사람들의 자연스러운 관심사이기 때문이다. 그렇다고 댄디가 사랑을 특별한 목표로 삼는 것은 아니다. 내가 아까 돈 이야

---

30   high life. 상류 계급의 생활방식을 가리킨다.
31   Astolphe Marquis de Custine(1790~1857), 프랑스의 작가이자 예술 후원자.

기를 꺼냈다면, 그것은 자신의 열정을 스스로 찬미하는 사람들에게는 돈이 필수적이기 때문이다. 그렇다고 댄디가 돈을 본질적인 것으로 여기고 갈망하지는 않는다. 끝없이 빌릴 수 있으면 그에게 돈은 그것으로 충분하리라. 그는 그런 천박한 열정은 천박한 인간들에게 맡겨버린다. 사려 깊지 못한 수많은 사람들은 그리 생각하는 것 같지만, 댄디즘은 치장과 물질적 세련됨에 대한 무절제한 취향도 아니다. 이런 것들은 완벽한 댄디에게는 그의 정신이 지닌 귀족적 우월성을 보여주는 상징일 뿐이다. 그래서 무엇보다도 기품에 몰두한 그의 눈에 치장이란 절대적으로 단순할 때 완벽해지는 것인데, 사실 기품 있게 돋보이는 최상의 방식은 절대적 단순성이다. 그렇다면 교리가 되고 위압적인 신봉자들을 양산해낸 그 열정은 대체 무엇인가? 그렇게 도도한 배타적 집단을 만들어냈으면서도 성문화되지 않은 그 제도는 무엇인가? 그것은 무엇보다도 스스로 독창성을 만들어내려는 강렬한 욕구, 관례의 표면적 허용치를 넘지 않게 억제해둔 욕구이다. 그것은 일종의 자기 숭배로, 이는 타인에게서, 예를 들자면 여인에게서 발견할 수 있는 행복의 추구보다도 더 오래 갈 수 있다. 환상이라고 불리는 그 모든 것보다도 더 오래 갈 수 있다. 그것은 남을 놀라게 하는 즐거움이자 자신은 절대로 놀라지 않는다는 오만한 만족이다. 댄디는 매사에 무심한 사람일 수도 있고, 고통을 겪는 사람일 수도 있다. 하지만 이 마지막 경우에도, 그는 여우에게 물린 상태에서도 미소 짓는 스파르타 소년처럼 미소 지으리라.

몇몇 측면에서 보면 댄디즘은 정신주의와 금욕주의에 가까움을 알 수 있다. 결국 댄디는 절대로 천박한 사람일 수 없다. 그가 범죄를 저지른다 해도 바닥까지 떨어지지는 않으리라. 하지만 그 범죄가 범속한 이유에서 태어난 것이라면, 불명예는 씻을 수 없으리라. 독자가 경박함 속의 그 진중함에 충격 받는 일이 없기를. 모든 광기에는 위대함이, 모든 과도함에는 힘이 있음을 기억하기를. 야릇한 정신주의이지 않은가! 그 사제이자 동시에 제물인 사람들에게 그들이 따라야 하는 그 모든 복잡한 물질적 조건들은, 낮이고 밤이고 어느 때건 간에 흠잡을 데 없는 치장에서부터 꾀까다로운 스포츠 행위들에 이르기까지의 그 모든 조건들은, 의지를 강화시키고 영혼을 다스리기에 적합한 훈련일 뿐이다. 사실 내가 댄디즘을 일종의 종교로 여기는 것이 완전히 틀린 것은 아니었다. 가장 엄격한 수도원 규칙도, 술에 취한 제자들에게 목숨을 끊으라고 명령했던 산중 장로[32]도 세련됨과 독창성을 표방하는 이 교리보다 더 전제적이지도 않았고 더 복종을 요구하지도 않았는데, 이 교리는 자신을 따르는 야심차고 겸손한 교도들에게, 종종 격정, 열정, 용기, 억눌린 에너지로 가득한 그 사람들에게 이 무시무시한 문구를 강요한다. 페린데 아크 카다베르![33]

---

[32] 이슬람교의 이스마엘파 암살단을 창설한 하산 이븐 아사바(1036?~1124)의 별명.
[33] Perinde ac cadaver. 글자 그대로 새기면 '시체와 동일한 방식으로'라는 뜻. 이 표현은 가톨릭교회에서, 특히 예수회 교도 사이에서는 절대 복종을 의미한다.

그 사람들이 스스로를 세련된 자로, 신앙 없는 자로, 잘생긴 자로, 멋쟁이로 혹은 댄디로 부르게 한들, 그것들은 모두 동일한 뿌리에서 나온 것이다. 전부 다 저항과 반항이라는 동일한 성격을 띤다. 이들은 모두 인간의 자존심에서 최상의 것을, 오늘날의 사람들에게서는 너무나 드문, 범속함을 공격하고 파괴하려는 그러한 욕구를 대표하는 사람들이다. 그러기에 댄디에게서는, 도발적인 배타적 집단이 차가움 가운데에서도 보여주는 도도한 태도가 나타난다. 댄디즘은 특히, 민주주의는 아직 강력하지 않고 귀족계급의 흔들림과 전락이 아직은 부분적인 과도적 시기에 나타난다. 이런 시기의 혼란 속에서 자기 계급에서 떨어져 나오고, 환멸을 느끼고, 할 일은 없는데 타고난 기운은 넘치는 사람들 몇몇이 일종의 귀족 계급을 새로 창설할 계획을 세울 수 있는데, 이 새로운 귀족 계급은 가장 귀중하고 가장 파괴하기 힘든 능력 위에, 노동과 돈으로 획득할 수 없는 천상의 재능 위에 세워진 만큼 무너뜨리기 힘들다. 댄디즘은 데카당스 시대에 영웅주의가 최후로 분출한 것이다. 북아메리카를 여행하던 사람이 댄디를 다시 발견했다지만, 그 사실은 조금도 우리의 생각을 약화시키지 않는다. 그 무엇도, 우리가 야만족이라고 이름 붙인 부족들이 사라져 버린 거대 문명의 잔해라는 가정을 막기에는 역부족이니까. 댄디즘은 지는 태양이다. 댄디즘은 이우는 별처럼, 찬란하나 열기가 없고 우수로 가득하다. 허나 이를 어찌하랴! 모든 것을 휩쓸고 모든 것을 평등하게 만들어버리는 민주주의의 밀물이 이 인간 자존심의 최후 대표자들을 빠뜨려 죽이고, 이 경이로운 미르미돈(myrmidon)들의 흔적 위로 망각의 물결을 마구 흘려보낸다. 우리나라에서는 댄디들이 점점 더 드물어지고 있지만, 우리 이웃인 영국에서는 사회적 신분제와 헌법(진정한 헌법, 즉 관습으로 표현되는 헌법)이 셰리던과 브루멀, 그리고 바이런[34]의 후손들에게 앞으로도 오랫동안 자리를 남겨놓을 것이다. 물론, 그들이 그럴 만한 가치가 있는 것으로 보일 때에 말이다.

지금 이 글이 독자에게는 본론에서 벗어난 것으로 보였을 수도 있겠지만, 사실은 그렇지 않다. 한 예술가의 데생으로부터 솟아오르는 성찰과 정신적 몽상들은, 많은 경우에 비평가가 데생에 대해 할 수 있는 최상의 해석이다. 여러 가지 암시적 생각들은 중심 개념의 일부를 이루며, 이것들을 차례차례로 보여줌으로써 중심 개념을 짐작하게 만들 수 있다. G. 씨가 연필로 즐겨 그리는 댄디들 가운데 한 명을 종이 위에 그릴 때, 당대나 흔히 익살스럽게 여겨지는 것들이 문제가 아닐 경우 그 댄디에게 특유의 역사적이며, 이렇게 말해도 된다면 전설적이기까지 한 성격을 늘 부여한다고 굳이 말할 필요가 있을까? 예쁜 것과 무시무시한 것이 그토록 신비하게 뒤섞인 그 특권적 존재들 가운데 한 명을 우리의 시선이 발견할 때, 바로 그 행동거지의 경쾌함, 태도의 자신감,

---

[34] Joseph Sheridan Le Fanu(1814~1873)는 아일랜드의 낭만주의 소설가. George 'Beau' Brummell(1778~1840)은 영국의 전설적 멋쟁이. George Gordon Byron(1788~1824)은 영국의 낭만주의 시인. 모두 댄디의 예로 언급된다.

압도적 분위기 속에 깃든 단순성, 옷을 입고 말을 모는 방식, 늘 침착하나 힘이 드러나는 태도들로 인해 우리는 이런 생각을 하게 된다. "아마 부유한 사람이겠지. 그보다는 직업 없는 헤라클레스에 더 가깝고."

댄디가 보여주는 아름다움의 성질은 특히, 감동하지 않겠다는 흔들림 없는 결심에서 비롯된 차가운 태도에 있다. 그것은 마치 속에서 타오르는 불길과 같아서 그 빛을 내비칠 뿐, 환히 빛날 수도 있으나 그러기를 원치 않는다. 이런 점이 바로 G. 씨의 그림들에서 완벽하게 표현되고 있다.

10

여인

 대부분의 남자들에게 가장 생생한, 이리 말하면 철학적 쾌감이 무색하겠지만 가장 오래 가기까지 하는 쾌락의 원천인 존재. 남자들의 모든 노력의 대상이자 원인인 존재. 신과 마찬가지로 무시무시한 소통불가의 이 존재(무한한 존재는 유한한 존재를 눈부시게 하고 압도하기 때문에 소통되지 않는다면, 우리가 언급하고 있는 그 존재는 소통할 것을 아무것도 갖고 있지 않기에 이해할 수 없다는 차이점은 있다). 조제프 드 메스트르[35]의 눈에는, 자신의 우아미로 정치라는 진지한 놀이를 즐겁게 만들어주고 보다 수월하게 해주는,

---

[35] Joseph de Maistre(1753~1821). 사부아 공국 출신의 정치가, 철학자. 나폴레옹이 사부아를 침공한 뒤 스위스, 러시아, 이탈리아를 전전하며 평생 망명 생활을 하였다. 절대군주와 교황을 신봉하고 과학의 진보와 자유주의에 반대하는 보수주의자였으나, 탁월한 논객으로서 보들레르에게 큰 영향을 미쳤다.

아름다운 짐승을 품고 있는 그 존재. 재산 축적과 재산 탕진의 원인이자 수단인 존재. 예술가와 시인이 자신들의 가장 섬세한 보석을 창조하게 만든 이유이자 방법. 가장 짜릿한 쾌락과 가장 비옥한 고통의 원천인 존재.

한마디로 여인은 예술가 일반에게, 특히 G. 씨에게는 수컷이 거느리는 암컷이기만 한 것은 아니다. 차라리 그것은 수컷의 두뇌에 자리 잡은 개념 전부를 관장하는 신이고 별이다. 그것은 단 하나의 존재 속에 응축되어 있는 자연의 온갖 아름다움이 만들어내는 반짝거림이다. 그것은 삶의 모습을 담은 화폭이 관람객에게 제공할 수 있는 찬탄과 가장 강렬한 호기심의 대상이다. 그것은 그 눈길에 걸려든 운명과 의지를 전부 쥐고 흔드는 일종의 우상, 어리석을지언정 눈부시게 황홀한 우상이다. 내 말은, 그것은 팔다리가 제대로 붙어 있어 완벽한 조화의 예를 보여주는 짐승이 아니라는 것이다. 그것은 조각가가 한 치의 빈틈도 없는 성찰 속에서 꿈꿔봄직한, 순수한 아름다움의 전형도 아니다. 아니, 이 정도로는 그것이 발휘하는 신비롭고 복합적인 매력의 이유를 설명하기에 충분하지 않을지도 모른다. 우리는 여기서 빈켈만[36]과 라파엘로를 끌어들이지는 않겠다. G. 씨는 그 지성의 폭이 엄청남에도 불구하고 (그를 모욕하려는 의도 없이 하는 말이다) 레이놀즈나 로렌

---

36 Johann Winckelmann(1717~1768), 독일의 고고학자이자 미술사가로 고대 미술의 재발견에 공헌했다.

스[37]의 초상화를 음미할 기회를 잃어야만 한다면, 고대의 조각 작품 한 점은 무시하리라고 확신한다. 여인을 장식하는 것, 여인의 아름다움을 빛나게 하는 데 사용되는 것, 이것들 모두 여인의 일부이다. 이 수수께끼 같은 존재를 연구하는 데 유난히 몰두했던 예술가들은 여인 자체만큼이나 온갖 문두스 물리에브리스[38]에 열광한다. 물론 여인은 빛이요, 눈길이요, 행복에의 초대요, 가끔씩은 말씀이기도 하다. 하지만 여인은 무엇보다도 전반적인 조화로서, 그 자태와 팔다리의 움직임에 있어서만이 아니라 모슬린, 박사(薄紗), 치렁치렁 몸에 휘감은 아롱거리는 옷감들, 신의 표장(標章)들이자 좌대나 마찬가지인 그 옷감에 있어서도 그렇다. 여인의 팔과 목을 휘감고, 그 시선의 불길에 반짝임을 더하거나 여인의 귀에 달콤하게 재잘대는 금속과 광물에 있어서도 그렇다. 감히 어떤 시인이 아름다움의 현현이 불러일으킨 쾌락을 그리면서, 여인을 그녀의 의상으로부터 떨어뜨려놓을 것인가? 거리나 극장이나 숲에서 사심 없는 시선으로 여인의 공들인 치장을 즐긴 적도 없고, 그러한 치장으로부터 여인의 아름다움과 한 덩어리를 이룬 이미지를 가져옴으로써 여인과 의상 이 둘을 나눌 수 없는 총체로 만든 적도 없다면, 그런 남자는 대체 어떤 인간인가? 내가 이 글을 시작할 때 스치듯 얘기했던 의상과 장신구에 관한 몇 가지 문

---

[37] Joshua Reynolds(1723~1792)는 영국의 초상화가이며, Thomas Lawrence (1769~1830)는 그의 계승자로 일컬어지는 신고전주의 초상화가이다.
[38] mundus muliebriss, 라틴어로 여인의 화장과 치장에 사용되는 물건들을 가리킨다.

제로 다시 돌아가서, 자연을 사랑한다는 몇몇 수상쩍은 인물들이 화장술에 대해 퍼붓는 어리석은 중상모략에 대해 이 자리에서 되갚음을 해줄 때가 된 것 같다.

II

화장 예찬

노래가 하나 있는데, 어찌나 진부하고 어리석은지 약간이라도 진지함을 표방하는 작업이라면 인용이 거의 불가능할 정도지만, 생각하지 않는 사람들의 미학을 통속 희극 풍으로 아주 제대로 표현하고 있기는 하다. 자연은 미인을 아름답게 하네! 만약 그 시인이 우리말을 제대로 구사했더라면 이렇게 말했으리라고 추정함직하다. 소박함은 미인을 아름답게 하네! 이 말은 전혀 예상하지 못한 종류의 진실, 바로 이 말과 다름없다. 즉 아무것도 안 해야 예뻐진다.

아름다움에 대해 저지르는 오류 대부분은 18세기의 잘못된 윤리 개념에서 태어난다. 그 시대에는 자연이 가능한 온갖 선과 미의 근본, 근원, 원형으로 여겨졌다. 원죄의 부정이 그 시대의 일반적 맹목에 미친 영향이 적다고는 못하겠다. 우리가 그저 눈에 보이는 사실과 모든 연령층의 경험과 〈가제트 데 트리뷔노〉[39]를 참조하기만 해도 우리는 자연이 아무것도, 거의 아무것도 가르치지 않는다는 것을, 그러니까 자연은 인간에게 자고 마시고 먹고 그럭저럭 환경의 적대 행위로부터 스스로를 보호하게 강요할 뿐이라는 것을 알게 된다. 인간이 자신의 동류를 죽이고 잡아먹고 가두고 고문하게 밀어붙이는 것 역시 자연이다. 왜냐하면, 우리는 호사와 쾌락의 차원으로 들어가기 위해 필요와 욕구의 차원을 벗어나자마자 자연이 범죄를 부추길 수 있음을 알게 되니까. 부친살해와 식인, 조심스러움과 섬세한 마음에 입에 올리지 못하는 그 밖의 수많은 끔찍스러운 행위들을 만들어낸 것도 바로 그 무오류의 자연이다. 가난하고 몸이 불편한 친척들을 부양하라고 명령하는 것은 철학(선한 철학을 말한다), 종교이다. 자연(우리 이기심의 목소리에 다름 아닌)은 그들을 쳐 죽이라고 명령한다. 자연 상태의 모든 것, 순수 자연인의 행위와 욕망 전부를 검토하고 분석해보면 끔찍스럽지 않은 것을 발견하지 못할 것이다. 아름답고 고귀한 것은 전부 이성과 계산의 결과이다. 인간이라는 동물은 어미의 뱃속에서부터 범죄에 대한 취향을 갖게 되었으니 범죄는 애초부터 자연의 것이다. 반대로 덕성은 **인공적**이며 자연을 뛰어넘은 것이다. 어느 시대든, 어느 민족이든 동물 같은 인간에게 덕성을 가르치기 위해 여러 신과 선지자들을 필요로 했고,

---

39 Gazette des Tribunaux, 1825년에 창간된 법정 신문.

인간 홀로는 그것을 발견할 수 없었을 테니 말이다. 악은 수고로움 없이 자연적으로, 필연적으로 이루어진다. 선은 늘 인위의 결과이다. 내가 윤리 문제에 있어서 자연을 나쁜 조언자로, 이성을 진정한 구원자이자 개혁가라고 한 말은 전부 미의 차원으로 그대로 옮겨갈 수 있다. 그래서 나는 치장을 인간 영혼의 원초적 고귀함의 표식들 중 하나로 바라보기에 이르렀다. 혼란스럽고 도착적인 우리의 문명은 우스꽝스럽기 짝이 없는 오만함과 거만함으로 쉽사리 어떤 종족들을 야만인 취급을 하지만, 그들은 아이가 그러듯이 화장의 드높은 정신성을 잘 이해하고 있다. 야만인과 아기는 반짝거리는 것을 향한, 알록달록한 깃털과 아롱거리는 옷감을 향한, 인위적 형식의 극도의 위엄을 향한 천진한 동경을 통해 현실의 것에 대한 천진한 혐오감을, 그러니까 자신들도 모르는 새에 그들 영혼의 비물질성을 드러낸다. 루이 15세(진정한 문명의 산물이 아니라 야만성 회귀의 산물이었던)처럼 소박한 자연만을 즐길 정도로 도착적인 사람[40]에게 불행 있으라!

자연은 인간의 머릿속에 조잡하고 추한 지상의 것들을 쌓아올렸는데, 유행이란 그 모든 것들 위로 떠오른 이상을 향한 취향의 징후로, 또 자연의 숭고한 변형으로, 아니 차라리 영구히 지속적

---

40 루이 15세의 애첩 마담 뒤바리가 왕과 밤을 보내고 싶지 않을 때에는 입술에 연지를 발랐다는 것은 잘 알려진 사실이다. 그것으로 충분한 신호가 되었고, 그녀는 이런 식으로 방문을 닫아걸었다. 스스로를 치장함으로써 그녀는 '자연을 따르는' 이 왕을 물리치곤 했다.

으로 자연을 개선하려는 시도로 여겨져야 한다. 각각의 유행이 미를 향한 새롭고 제법 행복한 노력인 만큼, 만족할 줄 모르는 인간 정신에게서 끊임없는 갈망의 대상이 되는 이상과 그 어떤 식으로든 가까워지는 것인 만큼, 모든 유행은 매혹적임을, 그러니까 상대적으로 매혹적임을 지적했던 것은(비록 그 이유를 알아내지는 못했지만) 이치에 맞는 일이다. 하지만 유행을 제대로 맛보기를 원한다면 그것을 죽은 것으로 치부해서는 안 된다. 성 바르톨로메오의 살가죽처럼 고물상의 장롱 속에 축 늘어진 채 걸려 있는 누더기를 찬미하는 것과 다를 바 없을 테니. 아름다운 여인들이 걸치면 그것이 생기와 활기를 띠는 모습을 머릿속에 그려보아야 한다. 그렇게 함으로써만 그것의 의미와 정신을 이해하게 되리라. 모든 유행은 매혹적이다라는 아포리즘이 지나치게 절대적이어서 여러분에게 충격으로 다가온다면, 모든 유행은 그 당시에는 당연히 매혹적이었다고 말하라. 그러면 틀릴 걱정은 없을 것이다.

여성은 매혹적이고 신비하게 보이는 데 열중하는 것이 정당한 권리일 뿐만 아니라 일종의 의무를 다하는 것이기도 하다. 여성은 놀라움과 매혹을 불러일으켜야 한다. 그녀는 우상이기에 경배받기 위해 금칠을 해야 한다. 그러니까 좀 더 능란하게 사람들의 마음을 호리고 정신을 사로잡기 위해 갖가지 예술로부터 자연 위로 솟아오를 방법들을 빌려와야 한다. 계략과 기교가 모두에게 알려진 것이라 해도 그 성공이 확실하고 효과가 늘 강력하다면 전혀 문제되지 않는다. 철학적으로 사고하는 예술가라면 바로 이런 생각으로 여인들이 자신들의, 이를테면 부서지기 쉬운 아름다움을 견고하게 하고 신격화하기 위해 어느 시대에고 사용했던 그 모든 관습들을 쉽게 정당화하리라. 그 예를 일일이 열거하자면 끝도 없으리라. 하지만 우리 시대가 천박하게 화장이라고 부르는 것에만 국한하자면, 천진한 철학자들이 그토록 어리석게 저주를 퍼붓는 미분 사용의 목적과 결과가 자연이 모욕적으로 얼굴에 흩어놓은 반점들을 전부 사라지게 만들고, 피부색과 피부결에 추상적 통일성 ― 무용수의 타이츠가 만들어주는 통일성처럼 인간을 조각에, 그러니까 신적이고 우월한 존재에 즉각 가까워지게 만드는 통일성 ― 을 만들어주는 것임을 그 누가 모르겠는가? 눈매를 따라 그리는 인공적 검은 선과 뺨 윗부분에 바르는 붉은색에 대해 말하자면, 그 사용은 동일한 원칙에서, 자연을 넘어서려는 욕구에서 비롯되었지만 결과적으로는 상반되는 욕구를 충족해준다. 붉은색과 검은색은 삶을, 초자연적인 극한의 삶을 나타낸다. 그 검은 윤곽선은 시선을 더 깊이 있고 더 특이하게 만들어주며, 무한을 향해 열린 창문처럼 보다 뚜렷한 외양을 눈에 부여한다. 광대뼈 부분을 물들인 붉은색은 눈동자를 더욱 반짝거리게 하며, 여인의 아름다운 얼굴에 여사제의 신비로운 열정을 더해준다.

  그래서 내 말뜻이 제대로 전해진 거라면, 얼굴 색칠은 아름다운 자연을 모방하고 젊음과 경쟁하겠다는 천박하고 남에게 말 못할 목적으로 사용되어서는 안 된다는 것이다. 더구나 사람들은 기교가 추함을 아름답게 만들어주지 못했으며 오히려 아름다움에만 도움이 되었음을 지적했다. 그 누가 감히 순수 자연의 모방이라는 비생산적 기능을 예술에 떠안기려 하는가? 화장은 스스로를 가릴 필요도, 간파당하는 것을 피할 필요도 없다. 오히려 가식적으로는 아니더라도 적어도 일종의 천진함으로 스스로를 내보일 수 있다.

근엄함에 짓눌려 아름다움을 그 극도로 세세한 표출에서까지 찾아내지 못하는 사람들이 나의 생각을 비웃고, 나의 유치한 엄숙함을 비난해도 얼마든지 괜찮다. 그들의 가혹한 판단은 내게 전혀 영향을 주지 못한다. 나는 진정한 예술가들에게, 그리고 신성한 불길로 자신을 밝히기를 원하며 태어나면서 그 불씨를 받았던 여인들 전부에게 호소하는 것으로 만족하련다.

I2

정숙한 여인들과
아닌 여인들

이렇게 G. 씨는 사명감을 갖고 **현대성** 가운데 나타난 아름다움을 추구하고 설명하려 했기에, 인공적 호화로움으로 잔뜩 치장하고 꾸민 여인들을 그 사회적 계층이 무엇이든지 간에 기꺼이 보여준다. 게다가 그 인물들이 아무리 호화롭게 꾸미고 등장하더라도, 인간 삶의 번다함 속에서도 그러하듯, 그의 작품 컬렉션에서도 계층과 인종의 차이가 즉각 관객의 눈에 들어온다.

    때로, 최상위 세계의 젊은 아가씨들이 관객석을 비추는 희미한 조명을 받아 눈과 보석과 어깨로 빛을 튕겨내며, 액자 구실을 하는 칸막이 좌석에 자리 잡은 채 초상화 속 인물처럼 휘황찬란한 모습을 보여준다. 어떤 아가씨들은 진중하고 심각하며, 다른 아가씨들은 금발에 경박하다. 어떤 아가씨들은 귀족적 무심함으로 벌써 성숙한 가슴을 과시하고, 다른 아가씨들은 천진난만하게 사내애처럼 납작한 가슴을 내보인다. 아가씨들은 톱니 모양 부채를 들고 막연히 바라보거나 응시한다. 아가씨들은 그들이 귀 기울여 듣고 있는 척하는 드라마나 오페라처럼 연극적이고 성대하다.

때로, 우리는 공원의 오솔길에서 우아하게 차려 입은 가족들이 한가로이 거니는 모습을 본다. 남편들은 그 확고하며 충족된 표정으로 보건대 한재산 모았고 스스로가 만족스러운 모습이며, 아내들은 그런 남편의 팔에 매달려 평온하게 걷고 있다. 여기에서는 부유한 외관이 숭고한 기품을 대체한다. 폭넓은 속치마를 걸쳤고, 키만 작다 뿐이지 몸짓과 어투로는 어른과 다름없는 뻐쩍 마른 계집아이들이 줄넘기를 하거나 굴렁쇠를 굴리고, 혹은 야외에서 서로 방문을 주고받음으로써 집에서 부모들이 상연하던 연극을 따라 한다.

하류 세계 출신으로, 드디어 스포트라이트를 받게 되어 자랑스러워하고, 가녀리고 연약하며 아직 청소년티를 벗지 못한 채 중소 극장 무대에 서는 여인들은 자신들의 순결하고 허약한 형체 위로 그 어떤 시대의 것도 아니나 그녀들의 기쁨이 되어주는 터무니없는 의상들을 떨쳐입고 등장한다.

재단사가 만들어준 우아한 의상을 걸치고 이발사가 다듬어준 머리를 한 그런 얼간이들 가운데 한 명이, 안팎으로 환히 밝힌 유리창에 기댄 채 카페 문간에 나와 있다. 그의 곁에는 정부가 요긴한 발받침 위에 두 발을 올려놓은 채 앉아 있는데, 이 여인은 행실은 나쁘지만 귀부인처럼 보이기에는 부족한 게 거의(이 '거의' 가 사실은 거의 전부로서, 바로 기품이다) 없다. 그녀는 말끔하게 차린 자신의 애인처럼, 그 작은 입에 지나치게 큰 시가를 물고 있다. 이 두 존재는 아무런 생각도 하지 않는다. 뭔가를 보고는 있는 걸까? 어리석음의 나르시스인 그들이, 자신들의 이미지를 반사하는 강물처럼 흘러가는 군중을 지켜보고 있는 것이 아니라면 말이다. 사실, 그들은 자기 자신의 쾌감보다는 관찰자의 쾌감을 위해 존재한다.

이제 여기에, 빛과 움직임으로 가득한 자신의 회랑을 활짝 열어젖힌 발랑티노, 카지노, 프라도(이보다 전에는 티볼리, 이달리, 폴리, 파포스) 같은 무도장들이 있다. 이 무질서와 환락의 장소에서는 빈둥거리는 젊음의 활력이 마구 발산된다. 그 우아함이 변질되고 그 의도가 파괴될 정도로 유행을 과장한 의상을 걸친 여인들이, 늘어진 드레스 뒷자락과 뾰족한 숄 자락으로 바닥을 여봐란듯 쓸어댄다. 그런 여인들은 오고 가고, 지나가고 또 지나가며, 동물의 눈처럼 깜짝 놀란 듯이 크게 눈을 뜨고, 아무것도 보지 않는 척하며 전부 다 관찰한다.

지옥의 빛 혹은 북극의 오로라색 바탕 위로, 붉은색, 오렌지색, 유황빛, 장밋빛(경박함 속에서 길어 올린 황홀감을 드러내는 장밋빛), 가끔은 보라색(세속 수녀들이 좋아하는 색, 쪽빛 휘장 뒤로 비치는 잉걸불) 바탕 위로, 폭죽을 다양하게 모방한 이 매혹적인 바탕 위로, 수상쩍은 아름다운 여인들의 다양한 이미지가 솟아오른다. 여기에서는 장엄한가 하면 저기에서는 경쾌하고, 때로는 날씬하고 심지어 가냘픈가 하면 때로는 키클로페스처럼 장대하고, 때로 아담하고 통통 튀는가 하면 때로 묵직하고 웅장하다. 여인은 도발적이고 야만스러운 우아함을 만들어냈거나 혹은 제법 성공적으로 최상의 세계에서 통용되는 단순성을 노린다. 여인이 포개 입은 수놓은 속치마들은 그녀를 돋보이게 하는 동시에 균형을 잡아주기에, 여인은 그 무게를 진 채 앞으로 나아가고 미끄러지고 춤추고 구른다. 여인은 틀 안에 갇힌 초상화처럼 모자 밑으로 눈길을 내리꽂는다. 여인은 문명 속의 야만을 잘 보여준다. 여인은 악으로부터 자신에게로 온 자신만의 아름다움, 정신성은 늘 결여되어 있으나 가끔씩은 멜랑콜리처럼 보이는 피로에 물든 아름다움을 보여준다. 여인은 먹잇감을 노리는 야수처럼 저 멀리 지평선에 시선을 둔다. 야수와 마찬가지로 돌아다니다가, 마찬가지로 느긋하게 즐기다가, 마찬가지로 주의력을 집중한다. 합법적인 사회의 가장자리를 떠도는 보헤미안 같은 그녀의 삶은 계략과 싸움으로 점철된 삶으로, 그 범속성은 그녀가 둘러쓴 겉껍실을 뚫고서 필연적으로 드러나기 마련이다. 모방할 수 없는 거장 라 브뤼에르[41]가 한 이 말을 바로 그녀에게 적용할 수 있다. "어떤 여인들에게는 눈의 움직임, 얼굴 표정, 걷는 방식과 관련이 있

---

[41] Jean de La Bruyer(1645~1696), 프랑스의 모럴리스트. 인용된 구절의 출처는 당대 모든 사회계층의 양상을 그린 에세이집 《캐릭터(Les Charactères)》(1688)이다.

을 뿐 그 이상으로 나아가지는 못하는 인공적 위대함이 있다."

 화류계 여인에 관한 성찰들은 어느 정도까지는 여배우에게도 적용될 수 있다. 여배우 역시 화려한 피조물이고, 대중의 쾌락의 대상이다. 하지만 이 경우 약탈물, 노획물은 보다 고귀하고 보다 정신적인 성격을 띤다. 순수한 육체적 아름다움만이 아니라 가장 진귀한 차원의 재능을 통해서 일반의 호의를 획득하는 것이 문제이다. 여배우가 어떤 면에서는 화류계 여인과 통한다면 또 다른 면에서는 시인과 맞닿아 있다. 모든 존재 안에는 자연의 아름다움, 심지어 인공적 아름다움 이외에도 한 직업에만 고유한 특성이, 육체적으로는 추함으로 드러날 수도 있지만 일종의 직업적 아름다움으로도 드러날 수 있는 어떤 특성이 있음을 잊지 말자.

 런던의 삶과 파리의 삶을 담은 그림들을 보면 온갖 계층의 떠도는 여인, 반항적 여인의 다양한 유형들을 만나게 된다. 우선, 바람기 있는 여인. 갓 핀 꽃 같고, 귀족다워 보이려고 하고, 자신의 재능과 영혼을 다 투여한 젊음과 호사를 자랑스러워하며, 자신을 휘감고 도는 새틴, 비단, 혹은 벨벳으로 된 넓은 치맛자락을 손가락 두 개로 살짝 들어 올리고 뾰족한 발끝을 앞으로 살짝 내밀고 있는데, 다소 과한 화장이 아니라면 지나치게 장식된 구두만으로도 자신을 드러내기에 충분하리라. 그 다음 단계로, 종종 카페처럼 차려놓은 허름한 카바레에 갇혀 있는 그 노예들에게로 내려가 보자. 최고로 인색한 포주 밑에서 불행하기 짝이 없고, 자기 재산이라고는 아무것도 없어서 심지어 자신들의 아름다움을 돋보이게 할 기발한 장신구조차도 없는 여인들.

그 여인들 가운데 천진하고도 기괴한 자만심의 예라고 할 수 있는 어떤 여인들은 오만하게 쳐든 얼굴과 시선에 자신이 존재한다는 데 대한 행복감(사실, 어째서 그런 걸까?)을 지니고 있다. 때로 그 여인들은 일부러 그러려고 한 건 아닌데도 오만함과 고귀함의 포즈를 취하는데, 만약 극도로 섬세한 조각가가 아무데서고, 그러니까 진흙탕 속에서조차 고귀함을 긁어모을 용기와 능력을 갖고 있다면 그 포즈에 매혹당할 법하다. 어떤 때는 권태에 지친 자세로, 작은 카페 특유의 남자 같은 시니컬함이 배어 있는 나른함에 잠겨, 시간을 죽이기 위해 담배를 피워대면서, 동양의 숙명론에서처럼 체념한 태도로, 완전히 무너진 모습을 보인다. 부채 두 개를 붙여놓은 듯 앞뒤로 드레스 자락을 둥글게 펼치고 축 처져 소파에서 뒹굴거나, 등받이가 없거나 혹은 있는 의자에 떡하니 버티고 앉아 있다. 둔중하고, 음울하고, 어리석고, 눈은 화주(火酒)에 취해 번쩍거리고 이마는 고집스럽게 튀어나와 있다. 우리는 이 나선계단의 가장 마지막 단까지, 로마의 어느 풍자 시인이 말한 대로 **타고난 그대로의 여성**[42]에게까지 내려왔다. 때로 우리는 알코올과 담배가 빚은 몽롱함이 뒤섞인 분위기를 배경으로, 폐병으로 불그스름하게 열이 오른 마른 몸이나 비만으로 투실투실한 몸, 나태가 낳은 그 끔찍스러운 건강상태가 드러나는

---

[42] 고대 로마 시인 유베날리스의 《풍자시집》에서 인용.

것을 보게 된다. 초라한 순결함으로서는 짐작도 못할 몽롱한 황금빛 혼돈 속에서, 음산한 님프들과 아이 같은 눈빛에서 음울한 빛이 뿜어져 나오는 살아 있는 인형들이 분주하게 움직이고 펄떡인다. 하지만 술병으로 가득 찬 카운터 뒤에는 뚱뚱하고 심술궂은 여편네가 느긋하게 자리 잡고 있어서, 그녀의 머리에 잡아 묶은 더러운 머플러가 벽에 악마의 뿔처럼 뾰족하게 솟은 그림자를 드리우는 바람에, 악에 봉헌된 모든 것은 뿔을 달아야 하는 형벌을 받는가 하는 생각이 든다.

사실, 내가 독자 눈앞에 이런 이미지들을 잔뜩 늘어놨던 이유는 독자를 즐겁게 해주기 위해서도, 독자에게 충격을 주기 위해서도 아니다. 이 경우든 저 경우든지 간에, 그렇게 한다면 독자에 대한 존중은 아니었으리라. 그 이미지들을 소중하게 만들어주는 것, 그것은 그 이미지들이 촉발하는 수많은 생각들, 대체로 엄혹하고 어두운 생각들이다. 하지만 자비심을 발휘해 미리 알려두자면, 만약 사려 깊지 못한 누군가가 여기저기 흩어져 있는 G. 씨의 그림들 속에서 혹시라도 불건전한 호기심을 충족시킬 계기를 찾으려 든다면, 병적 상상력이 존재할 수 있는 그 어떤 여지도 찾아내지 못할 것이다. 그는 피치 못할 악, 그러니까 어둠 속에 숨어 있는 악마의 시선이나 가스등 아래서 번쩍거리는 메살리나[43]의

---

43 고대 로마 황제 클라우디우스의 세 번째 아내. 많은 애인들을 두었으며 심지어 밤중에 궁궐을 빠져나가 매춘부 노릇을 했다고 전해진다.

어깨 말고는 아무것도 만나지 못할 것이다. 순수 예술, 그러니까 악의 특별한 아름다움, 끔찍함 속의 아름다움 말고는. 마찬가지로, 지나는 길에 한 번 더 말하자면, 이 환락의 장소에서 풍기는 전반적 인상에는 익살스러움보다는 슬픔이 더 많이 담겨 있다. 이 이미지들을 특별히 아름답게 만드는 것, 그것은 그들의 정신적 풍요로움이다. 그것들은 암시로, 비록 내 펜이 조형적 묘사와 겨루는 데 이골이 났을지라도 미흡하게 묘사했을 뿐인지 모르는 잔인하고 신랄한 암시로 묵직하다.

13

마차들

이처럼 하이 라이프와 로우 라이프의 길고 긴 갤러리들은 수없이 가지를 쳐나가면서 계속 이어진다. 잠시, 더 순수하지는 않을지 언정 적어도 더 세련된 세계로 옮겨가자. 몸에 보다 이롭지는 않을지 몰라도 보다 미묘하기는 한 향내를 들이마시자. 이미 말했듯이, G. 씨의 붓은 외젠 라미의 붓처럼 댄디즘의 화려함과 사교계 여인의 우아함을 보여주는 데 놀라울 정도로 적합하다. 그는 부유층의 행태에 익숙하다. 그는 보다 섬세한 선으로, 결코 흔들리지 않는 확신으로 시선, 몸짓, 행복한 삶의 단조로움이 빚은 특권층 특유의 포즈를 묘사할 줄 안다. 이 일련의 특별한 데생들을 살펴보면 스포츠, 경마, 사냥, 숲속 산책에 얽힌 일화들, 근사한 곡선의 순수함을 뽐내고 멋스럽고 영리하고 여인들과 마찬가지로 변덕스러운 준마들을 능숙하게 다루는 거만한 레이디들, 가

날쏜 미스들이 다양하게 표현되어 있다. G. 씨는 말 일반에 관해 잘 알고 있을 뿐만 아니라 다행스럽게도 말들의 개별적 아름다움을 표현하는 데도 열심이다. 때로 그것은 정지 장면, 그러니까 수많은 마차들이 뒤엉켜 서 있는 모습으로서, 마차의 쿠션, 좌석, 지붕 위 좌석에는 우아한 젊은이들과 계절이 허용하는 한 기발한 복장을 갖춘 여인들이 꼿꼿이 앉아 저 멀리 펼쳐진 경마라는 성대한 축제를 바라본다. 때로 말 탄 남자가 무개사륜마차 옆에서 우아하게 말을 달리고, 그가 올라탄 말이 가끔씩 뒷발로 서서 앞발을 구부려대는 모습은 말도 나름대로 인사를 하는 듯하다. 마차가 빛과 그늘이 수놓은 오솔길을 빠르게 달려 나가고, 요람에 눕듯 좌석에 비스듬히 앉은 여인들은 무심하게 귀에 들려오는 희롱을 건성으로 들으며 나른하게 산책로의 바람에 자신을 내맡긴다.

모피나 모슬린 천이 턱 밑에까지 올라오고, 그 바람에 마차 창문 너머로까지 밀려나온다. 하인들은 뻣뻣하고 꼿꼿한 자세로 미동도 않는 모습이 모두들 비슷하다. 그것은 늘 비굴함을 새긴 초상, 단조롭고 평면적이고 성실하고 규율 잡힌 초상이다. 그들의 특성은 바로 특성을 조금도 갖고 있지 않다는 것이다. 원경인 숲은 시간과 계절에 따라서 푸르거나 갈색을 띠고, 반짝이거나 어둑하다.

숲의 깊숙한 안쪽은 가을 안개로, 푸르스름한 그늘로, 노르스름한 햇살로, 장밋빛 서광으로, 혹은 번득이는 칼날처럼 어둠을 가르는 가느다란 반짝임들로 가득하다. 크리미아 전쟁을 그린 수많은 수채화들이 풍경화가로서의 G. 씨의 능력을 우리에게 보여주지 못했다면, 확실히 이 그림들로 충분하리라. 그런데 여기에서 다루고 있는 것은 더는 크리미아의 찢긴 전장도, 연극적으로 표현된 보스포러스 해협도 아니다. 우리가 되찾은 것은 번차례로 대도시를 꾸며주는 그 익숙한 내면의 풍경들로서, 거기에서는 빛이 진정 낭만적인 예술가라면 무시하지 못할 미학적 효과들을 던져놓는다.

이 자리에서 언급하는 것이 불필요하다고는 생각지 않는 또 다른 장점, 그것은 마구와 마차의 차체에 관한 놀랄 만한 지식이다. G. 씨는 마차 한 대를 그릴 때도, 갖가지 종류의 마차들을 그릴 때도, 온갖 종류의 선박에 승선해본 해양화가처럼 변함없는 정성과 변함없는 여유를 보이며 데생하고 색칠한다. 그가 그려내는 차체는 전체가 완벽하게 정통을 추구한다. 각 부분은 제자리에 있고 그 어디에도 손 댈 부분이 없다. 선박과 마찬가지로 마차는 어떤 각도로 포착되든, 어떤 자세로 달려가든, 속기로 적어나가기에도 쉽지 않은 신비롭고 복합적인 우아미를 동작에 부여한다. 예술가의 눈이 그것을 보며 받아들이는 쾌감은 선박이든 마차든, 이미 충분히 복잡한 그 물체가 공간 속에 연달아 재빠르게 만들어내는 일련의 기하학적 형태로부터 기인하는 것 같다.

앞으로 고작 몇 년 후면 G. 씨의 데생들이 문명생활을 증언하는 소중한 문헌이 되리라고 분명히 장담할 수 있다. 그의 작품들은 드뷔쿠르, 모로, 생토뱅, 카를 베르네, 라미, 드베리아, 가바르니, 그리고 친숙한 것과 아름다운 것만을 그렸기 때문에 나름대로는 진지한 역사가이기도 한, 그 모든 특출한 예술가들의 작품들만큼이나 호사가들의 수집 대상이 될 것이다. 그런 예술가들 가운데 어떤 이들은 아름다운 것을 위해 너무 많은 것을 희생시켜, 가끔씩 그들의 작품 주제와 무관한 고전 양식을 끌어들였다. 어떤 이들은 일부러 모서리를 둥글렸고, 삶의 거친 면을 밀어버렸고, 그 강렬한 섬광을 누그러뜨렸다. G. 씨는 그들보다 덜 능란하나 자기만의 심오한 장점을 갖고 있다. 그는 다른 예술가들은 무시하지만 무엇보다 세상 속의 인간이라면 감당해야 하는 역할을 자발적으로 수행했다. 그는 도처에서 현재의 삶이 지닌 순간적이고 일시적인 아름다움을, 우리가 독자의 허락을 받아 현대성이라고 부르는 것의 특성을 추구했다. 종종 기이하고 격렬하고 지나치나, 늘 시적인 그는 자신의 그림 안에 삶이란 포도주의 씁쓸하고 독한 맛을 진하게 녹여넣을 줄 알았다.

콩스탕탱 기스(1802~1892)
펠릭스 나다르가 촬영한 사진.

〈나의 변변찮은 모습〉
콩스탕탱 기스의 크로키와 이를 복제한 동판화.
〈크리미아 전쟁에 대한 우리 예술가들의 기록〉 1855년 2월 3일자 게재

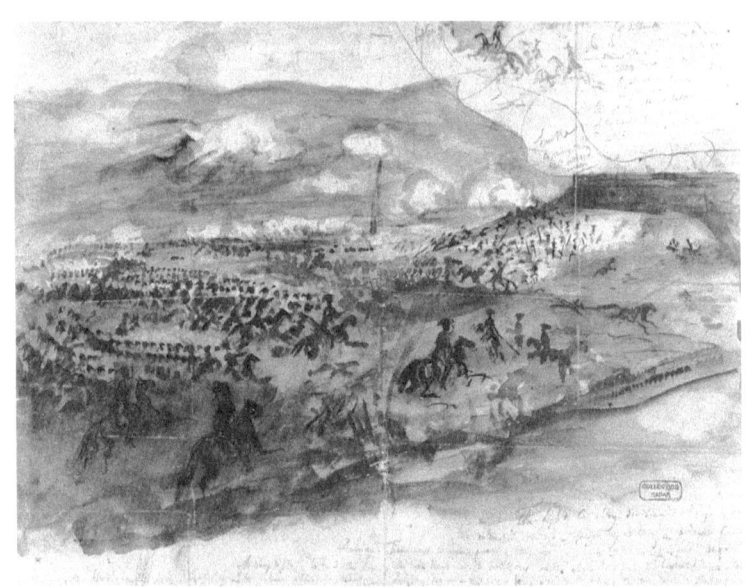

〈발라클라바 전투〉
콩스탕탱 기스의 크로키와 이를 복제한 동판화.
〈일러스트레이티드 런던 뉴스〉 1854년 10월 25일자 게재

〈부상당한 터키인들〉
콩스탕탱 기스의 크로키와 이를 복제한 동판화.
〈일러스트레이티드 런던 뉴스〉 1855년 1월 게재

〈두 근위병 장교〉
콩스탕탱 기스, 종이에 연필과 잉크, 수채, 24.6×17cm, 뉴욕 메트로폴리탄 미술관

〈두 말괄량이들〉
콩스탕탱 기스, 종이에 연필과 잉크, 23.3×18.5cm, 뉴욕 메트로폴리탄 미술관

〈큰 리본이 달린 드레스 차림의 여인〉
콩스탕탱 기스, 종이에 연필과 수채, 32.2×21.7cm, 뉴욕 메트로폴리탄 미술관

〈부채를 든 두 여인〉
콩스탕탱 기스, 종이에 펜과 잉크, 수채, 39.5×28.6cm, 뉴욕 메트로폴리탄 미술관

〈마차를 탄 두 여인〉
콩스탕탱 기스, 종이에 펜과 잉크, 수채, 25.4×37.8cm, 개인 소장

〈소형 마차를 모는 여인〉
콩스탕탱 기스, 1850, 판지에 검은 잉크, 25.3×35cm, 퀘벡 몰리나 갤러리

〈겨울 마차여행〉
콩스탕탱 기스, 종이에 펜과 잉크, 수채, 25.2×37.1cm, 뉴욕 메트로폴리탄 미술관

〈런던의 마차〉
콩스탕탱 기스, 1848~1856, 종이에 펜과 잉크, 수채, 29.3×43.9cm, 뉴욕 메트로폴리탄 미술관

〈허영의 시장〉
콩스탕탱 기스, 1875?~1885, 종이에 펜과 잉크, 수채, 39.3×47.6cm, 워싱턴 필립스 컬렉션

〈매음굴에서 춤추는 여인들〉
콩스탕탱 기스, 1865년경, 종이에 펜과 잉크, 수채, 17.4×25cm, 뉴욕 메트로폴리탄 미술관

들라크루아의 삶과 작품

〈로피니옹 나시오날〉의 편집장님께[1]

편집장님,

마지막으로 한 번 더, 외젠 들라크루아의 천재성에 경의를 표하고 싶습니다. 제가 쓰고자 하는 짤막한 글에 지면을 할애해주시기를 부탁드립니다. 들라크루아의 천재성에 관한 이야기와, 제 생각에 아직 충분히 인정받지 못하나 그가 탁월한 이유, 끝으로 그의 삶과 성격에 관한 몇 가지 일화와 약간의 고찰을 가능한 한 간결하게 담아내려고 합니다.

저는 지금은 고인이 된 그 대가와 아주 젊어서(제가 기억하는 한 1845년부터) 친교를 맺는 행운을 누렸습니다. 저는 그를 존경했고

---

1 1863년 들라크루아가 세상을 뜨자, 보들레르가 평소에 무척 존경했던 이 거장을 기리기 위해 〈로피니옹 나시오날(L'Opinion Nationale)〉지에 기고한 글이다. 서론은 9월 2일에, 1장과 2장은 11월 14일에, 나머지는 11월 22일에 순차적으로 발표되었다.

그는 제게 너그러웠기에 서로에 대한 신뢰와 친밀함을 허용하는 관계가 형성되었고, 덕분에 그의 작업방식뿐만 아니라 그 위대한 영혼의 가장 내밀한 자질들에 관해서까지도 가장 정확한 지식들을 마음껏 퍼올릴 수 있었습니다.

편집장님, 제가 이 자리에서 들라크루아의 작품을 상세하게 분석하리라고 기대하지는 않으시겠죠. 우리는 각자 자신의 능력에 따라서, 그리고 그 위대한 화가가 자신의 생각을 담은 일련의 작업을 대중에게 공개하는 족족 그런 식의 분석을 이미 했을 뿐만 아니라, 작품 목록이 하도 길어서 주요 작품 각각에 대해 몇 줄씩만 할애해도 책 한 권 분량이 거의 채워질 테니까요. 우리가 이 자리에서 핵심만 요약해서 보여드리는 것으로 충분하기를 바랍니다.

그의 대형 작품들은 하원의 국왕 알현실과 하원 도서관, 뤽상부르 궁 도서관, 루브르의 아폴롱 갤러리, 시청의 '평화의 방'에 설치되어 있습니다. 그 장식회화들은, 지성의 가장 고귀한 영역에 전부 속하는 우의적·종교적·역사적 주제들을 무수히 담고 있습니다. 소위 이젤화, 스케치, 그리자유(grisaille), 수채화 등을 총망라하면 작품 수는 대략 236점에 달합니다.

이런저런 살롱에서 선보인 커다란 주제들은 77가지입니다. 이러한 정보들은 테오필 실베스트르(Théophile Silvrestre) 씨가 《현존 화가사(Histoire des peintres vivants)》라는 제목의 저서에서 외젠 들라크루아에 대한 뛰어난 해설 뒤에 붙여놓은 작품 목록에서 끌어낸 것입니다.

저 역시 그 거대한 작품 목록[2]을 직접 만들어보려고 몇 번 애를 써봤지만 믿어지지 않을 정도로 다작이라 인내심이 바닥났고, 지쳐서 단념해버렸습니다. 테오필 실베스트르 씨가 실수를 저질렀다 해도 아주 미미한 누락일 겁니다.

편집장님, 제 생각에 이 자리에서 해야 할 중요한 일은 그저 들라크루아의 천재성의 특질을 찾아보고 그것을 규정해보려고 노력하는 것입니다. 그리고 그가 가장 유명한 선배화가들에 필적하면서도 그들과 어떤 면에서 다른지를 찾아보는 것입니다. 끝으로, 그가 동일 직종의 그 어떤 예술가가 창조한 조형적 이미지들보다도 더욱 생생하고 더욱 적절한 이미지들로 말씀을 표현할 수 있었던 원동력인 주술적 예술을 글로 표현되는 말이 허용하는 한 보여주는 것, 그러니까 한 마디로, 신이 외젠 들라크루아에게 회화의 역사적 발전 속에서 어떤 **특별한** 능력을 부여했는지를 보여주는 것입니다.

---

[2] 로보(Robaut)가 1885년 제시한 자료 《들라크루아의 전작》에 따르면 총 1968점에 달한다.

01

들라크루아는 어떤 인물인가? 이 세상에서 그의 역할과 의무는 어떤 것이었나? 이것이 가장 먼저 검토할 질문입니다. 짧게 다룰 생각이고, 결론을 끌고 싶은 생각은 없습니다. 플랑드르에는 루벤스가, 이탈리아에는 라파엘로와 베로네세가 있다면, 프랑스에는 르브룅,[3] 다비드, 그리고 들라크루아가 있습니다.

생각이 얕은 사람이라면 그토록 상이한 자질과 방식을 대표하는 그 이름들을 한데 묶어놓은 것을 보고 대뜸 충격을 받을 수도 있을 겁니다. 하지만 보다 주의 깊은 영리한 눈에는 공통점이, 그러니까 위대한 것, 국가적인 것, 거대한 것, 보편적인 것에 대한

---

3   Charles Le Brun(1619~1690). 프랑스의 화가. 루이 14세 재위기간 중 30년 동안 왕을 위한 미술품을 직접 제작하거나 감독했으며, 유럽 절대군주제 미술양식을 만들어냈다고 평가된다.

그들의 애정, 소위 장식회화 혹은 초대형 작품에서 늘 표출됐던 애정에서 비롯된 일종의 형제 관계, 사촌 관계가 그들 모두 가운데 존재함이 즉각 보일 것입니다.

다른 많은 화가들도 초대형 작품을 제작했지만, 제가 거명한 화가들은 인류의 기억 속에 영원한 흔적을 남기기에 가장 적합한 방식으로 그러한 작품들을 제작했습니다. 그토록 상이한 이 위대한 인물들 가운데 가장 위대한 인물은 누구일까요?

생명력, 찬란함, 유쾌함마저도 담아낸 듯한 루벤스의 풍요로움, 라파엘로의 부드러운 위엄과 조화로운 질서, 베로네세의 오후 나절을 떠올리게 하는 낙원의 색, 다비드의 엄격하고 긴장된 근엄함 혹은 르브룅의 극적이고 거의 문학적이라 할 달변 가운데 무엇을 더 선호하는지는, 각자 자신의 기질을 따라 좋을 대로 결정할 수 있습니다.

이 사람들 가운데 그 누구도 대체 가능하지 않습니다. 그들은 다 같이 비슷한 목표를 겨누나, 개인의 천성에서부터 비롯된 다양한 방식들을 구사했습니다. 가장 마지막에 등장한 들라크루아는 다른 화가들이 불완전하게만 표현했던 것을 감탄스러울 정도의 격렬함과 열성을 갖고 표현해냈습니다. 다른 화가들도 그랬듯이, 어쩌면 그 어떤 다른 무언가를 훼손해가면서요? 그럴 수도 있겠지요. 하지만 그 질문은 검토 대상이 아닙니다.

저 말고도 많은 이들이 본질적으로 개인적인 천재성의 치명적 결과에 대해 길게 늘어놓는 수고를 했습니다. 순수한 천상이 아닌 다른 곳에서, 그러니까 완전함 자체가 불완전한 이 가련한 속세에서는, 천재성의 가장 아름다운 표현들이 필연적 희생을 대가로 치러야만 획득될 수 있다는 것 역시 있을 법한 일입니다.

그렇다면 결국, 편집장님, 현세기에 영광스럽게도 들라크루아가 다른 그 누구보다도 훌륭하게 표현해낸 그것, 콕 집어 말하기 힘든 신비로운 그것이 대체 뭐냐고 하시겠죠? 그것은 보이지 않는 것, 만질 수 없는 것, 꿈, 활기, **영혼**입니다. 잘 들여다보세요, 편집장님. 그는 선과 색 말고는 어떤 수단에도 의존하지 않고 그 일을 해냈습니다. 그는 그 누구보다도 그 일을 훌륭하게 해냈습니다. 완전무결한 화가의 완벽함으로, 섬세한 문인의 적확함으로, 열정적 음악가의 유려함으로 그 일을 해냈지요. 뿐만 아니라, 여러 예술 영역은 하나가 나머지를 대체하기를 열망하는 것이 아니라면 적어도 서로 새로운 힘을 주고받기를 열망한다는 것, 그것이 우리 시대의 정신 상태에 대한 하나의 진단입니다.

들라크루아는 모든 화가들 가운데 가장 **환기력**이 뛰어나서, 일급이나 최상급이 아닌 작품들 가운데에서 골라낸 것들조차도 많은 생각을 불러일으키며, 이미 겪어봤지만 과거의 어둠 속에 영원히 파묻혀버렸거니 생각했던 수많은 시적 감정과 생각들을 떠오르게 합니다.

가끔씩 들라크루아의 작품은, 다재다능한 인물의 타고난 열정과 위대함에 대한 일종의 기억술처럼 여겨집니다. 들라크루아 씨는 그처럼 아주 특별하고 정말로 새로운 장점 덕분에 인간의 동작을 그것이 아무리 격렬하다 하더라도 그저 선을 사용해서 표현할 수 있었고, 인간극의 환경이라고 불릴 만한 것이나 창조자의 기분을 색을 사용하여 표현할 수 있었습니다. 그처럼 전적으로 독창적인 장점으로 인해 전체 시인들의 공감이 그분 주위로 늘 몰렸습니다. 순전히 물질적인 표출로부터 철학적 검증을 이끌어내는 것이 허용된다면, 편집장님, 저는 그에게 최상의 경의를 표하기 위해 몰려든 사람들 가운데 화가보다는 문인이 훨씬 더 많은 수를 차지하고 있음에 주목하시라고 당부 드리렵니다. 날것 그대로의 진실을 말씀드리자면, 화가들이 그를 완벽하게 이해했던 적은 아예 없었습니다.

02

 그렇다고 쳐도, 그런 점에 놀라운 것이 뭐가 있냐고요? 우리 모두 미켈란젤로, 라파엘로, 레오나르도 다빈치, 더 나아가 레이놀즈의 시절은 오래 전에 지나갔으며, 예술가들의 전반적 지적 수준이 유난히 떨어졌음을 알고 있지 않습니까? 요즘 예술가들에게서 철학자, 시인, 학자를 찾는다면 아마도 부당한 일일 겁니다. 하지만 예술가들에게 지금보다는 조금 더 종교, 시, 학문에 관심을 가져주기를 요구하는 것은 타당할 겁니다.
 아틀리에를 벗어나면 그들이 뭘 알기는 하나요? 뭘 좋아하기는 하나요? 뭘 표현하기는 하나요? 그런데 외젠 들라크루아는 자기 직업에 매료된 화가인 동시에 전반적 교양을 갖춘 사람이었습니다. 반면, 다른 현대 화가들 대부분은 대체로 유명세를 탔든 못 탔든 간에 견습 화가에 지나지 않았고, 늙었든 젊었든 간에 서글

픈 전문가에 지나지 않았습니다. 그러니까 어떤 이들은 관습적인 그림을, 또 어떤 이들은 과일을, 또 다른 이들은 가축을 만들어낼 줄 아는 한심한 전문가에 지나지 않았다는 말입니다. 외젠 들라크루아는 모든 것을 좋아했고, 모든 것을 그릴 줄 알았고, 온갖 종류의 재능을 누릴 줄 알았습니다. 갖가지 지식과 갖가지 느낌에 가장 활짝 열린 정신의 소유자였고, 가장 편향되지 않고 가장 공평하게 즐길 줄 아는 사람이었습니다.

엄청난 독서가, 그 점은 말할 것도 없습니다. 시인들의 글을 읽으면 그에게서는 웅대하며 빠르게 형체를 드러내는 이미지들이, 이를테면 완전한 모양을 갖춘 그림들이 생겨났습니다. 그는 스승인 게랭[4]과 방식이나 색에 있어서 그 아무리 다를지언정, 제2공화정과 제정기의 주류 유파로부터 시인들에 대한 애정을, 그리고 글로 표현된 말과 겨루는 극성스런 경쟁심을 물려받았습니다. 다비드, 게랭, 그리고 지로데[5]가 호메로스, 베르길리우스, 라신 그리고 오시언(Ossian)에 접하며 그들의 정신을 불태웠다면, 들라크루아는 셰익스피어, 단테, 바이런 그리고 아리스토텔레스의 감동적인 번역가였습니다. 닮음은 깊었고 다름은 얕았다고나 할까요.

---

[4] Pierre-Narcisse Guérin(1774~1833), 프랑스 화가. 신고전주의 유파였지만 대표적 낭만주의 화가 제리코와 들라크루아를 길러내었다.
[5] Anne-Louis Girodet-Trioson(1767~1824), 프랑스 화가. 신고전주의의 영향을 받았으나 점차 초기 낭만주의로 기울었다.

그런데 이제는 거장의 가르침이라고도 부를 수 있을 문제로 좀 더 깊이 들어가 봅시다. 제게는 그 가르침이, 편집장님도 1855년 만국박람회 때 감상 기회를 가졌겠지만, 그의 전 작품의 순차적 감상과 몇몇 작품들의 동시적 감상에서 비롯될 뿐만 아니라, 그와 나누었던 수많은 대화에서도 비롯된 것입니다.

03

들라크루아는 뜨겁게 열정을 사랑했고, 차가운 단호함으로 열정을 가장 뚜렷이 표현해낼 수단들을 찾았습니다. 지나는 김에 한마디 하자면, 그러한 양면성에서 보이는 것은 가장 확실한 천재들에게서 뚜렷하게 드러나는 두 가지 징표입니다. 우유부단하며 만족시키기가 쉽고, 엉성하며 생기 없는 불완전한 작품에서 충분한 자양분을 발견하는 그런 영혼들을 기쁘게 해주려고 존재하는 법이란 거의 없는 극한의 천재들 말입니다. 엄청난 의지가 덧대어진 거대한 열정, 바로 그것이 그 사람이었습니다.
  그런데 그는 끊임없이 이런 말을 했습니다.
  "나는 가장 중요하게 표현해내야 할 것이 자연이 예술가에게 전해주는 느낌이라고 생각합니다. 그러니 그러한 예술가가 가장 신속한 표현수단들을 미리 갖춰두는 것이 필요하지 않겠어요?"

그가 보기에 상상력이 가장 귀중한 재능, 가장 중요한 능력이긴 하나 참을성 없이 변덕을 부려대는 그 대단한 전제적 능력을 따라갈 만큼 재빠른 능란함을 구사하지 못한다면, 그 능력이 쓸데없고 헛되리라는 건 분명합니다. 그의 상상력은 늘 거세게 타오르고 있기에 상상력의 불길을 살리려고 애쓸 필요는 없었습니다. 하지만 그 표현 수단들을 연구하기에는 하루가 늘 너무 짧았지요.

색, 색의 품질과 관련된 끝없는 탐구, 화학분야에 대한 호기심, 그리고 물감 제조상들과의 대화 등, 그가 보여준 이러한 행위의 원인은 바로 그러한 끝없는 관심에서 찾아야 할 겁니다. 그는 이런 면에서, 역시 강박적으로 동일한 관심사에 정신을 뺏겼던 레오나르도 다빈치에 가깝습니다.

외젠 들라크루아가 삶의 격렬한 현상들에 대해 경탄했다고 해서, 리얼리즘이라는 모호하고 막연한 용어 뒤에 본인들의 근시안적 지성을 숨긴 그 평범한 예술가와 문인 패거리에 그를 끼워 넣을 수는 절대로 없을 겁니다. 내가 들라크루아 씨를 처음 만났을 때, 1845년인 걸로 기억하는데(세월은 어찌나 빠르게 거침없이 흘러가는지!) 우리는 온갖 평범한 주제들, 그러니까 가장 광범위하나 가장 단순한 문제들에 대해 이야기를 나눴답니다. 그러니까, 예를 들자면 자연을 다뤘지요. 편집장님, 허락하신다면 이 자리에서 제 글을 인용하려고 합니다. 왜냐하면 전에 거장의 말씀을 그대로 받아 적었던 그 글이 저의 풀이보다야 더 값질 테니까요.

"자연은 사전일 뿐입니다." 그는 이런 말을 자주 되풀이했다. 이 말의 함의를 제대로 이해하기 위해서는 사전이라는 단어의 수많은 일반적 용법을 떠올려야 한다. 사람들은 사전에서 단어의 뜻, 형성 과정, 어원을 찾는다. 요컨대 거기에서 문장이나 이야기를 구성하고 있는 요소란 요소는 전부 끌어낸다. 그러나 그 누구도 사전을 일종의 구성, 그 단어가 갖는 시적 의미로 구성이라고 여긴 적은 없었다. 상상력을 따르는 화가들은 자신들이 갖고 있는 사전에서 자신들의 생각에 들어맞는 요소들을 찾는다. 나아가, 그 요소들을 어떤 예술과 맞춤으로써 그것들에게 완전히 새로운 모습을 부여한다. 상상력이 없는 사람들은 사전을 베낀다. 그로부터 커다란 결함, 상투성이라는 결함이 생겨나고 이러한 결함은 전문 분야가 소위 정물화에 더 가까운 화가들, 예를 들어 일반적으로 개성을 내보이지 않는 것을 승리로 여기는 풍경화가와 같은 화가들 가운데에서 유독 더 많이 나타난다. 그들은 보고 베끼느라 느끼고 생각하는 것을 잊는다. 예술의 온갖 부분들 가운데 어떤 이에게는 이 부분이, 또 다른 이에게는 저 부분이 중요할 텐데, 이 위대한 화가에게는 그것들 전부가 상위의 단 하나의 능력을 아주 겸손하게 섬기는 자들에 지나지 않았다. 아니, 지나지 않는다. 작품 제작이 아주 명확하게 이루어져야 할 필요가 있다면, 그것은 꿈이 아주 명확하게 형상화되어야 하기 때문이다. 작품 제작이 빠르게 실행되어야 한다면, 그것은 구상에 수반된 특별한 인상의 그 무엇도 놓쳐서는 안 되기 때문이다. 다음은 별 어려움 없이 이해되는데, 예술가의 주의가 도구의 물질적 속성에까지 미쳐야 한다면 그것은 작품 제작이 민활하고 단호하게 실행되도록 온갖 주의를 미리 기울여야 하기 때문이다.[6]

지나는 김에 한마디 하자면, 저는 들라크루아의 팔레트만큼 꼼꼼하고 신중하게 준비된 팔레트는 본 적이 없었습니다. 마치 공들여 구색 갖춘 꽃다발 같았지요.

지극히 타당한 그런 방식에서, 모든 인물들, 인물들 간의 배치, 그들에게 배경이나 수평선으로 사용되는 풍경이나 실내, 그리고 의복 등, 요컨대 모든 것은 전체 생각을 밝혀주는 데 쓰여야 하고, 그 생각 본연의 색, 이를테면 변별적 색을 띠어야 한다. 하나의 꿈이 그 꿈 특유의 색채로 물든 분위기 속에 놓여 있듯이, 마찬가지로 하나의 구상은 구성이 되면서 그 특유의 색채로 물든 환경 속으로 들어서야 할 필요가 있다. 그림에는 실마리 노릇을 하며 다른 부분들을 지배하는 부분에만 부여되는 독특한 톤이 분명히 있다. 모든 사람이 노란색, 오렌지색, 붉은색은 기쁨, 풍요로움, 영광, 사랑에 대한 생각을 불러일으키고 그런 생각들을 대표한다는 것을 알고 있다. 그러나 노랗거나 붉은 분위

---

6 보들레르가 마지막으로 썼던 살롱 감상문인 〈1859년 살롱(Le Salon de 1859)〉에서.

기도 수천 가지가 존재하며, 이렇게 따지자면 그에 비례해서 다른 모든 색들도 주된 분위기의 영향을 받게 될 것이다. 채색화가의 기법은 몇몇 측면에서는 분명히 수학과 음악에 속한다.

하지만 채색화가의 가장 섬세한 작업은 감정에 의해 이루어지는데, 규정이 불가능한 감정의 정확함에 도달하려면 오랜 훈련이 필요했다. 이 전반적 조화의 대원칙에 비춰보면 가장 유명한 화가들에게서조차, 수없이 많은 색채의 뭉그러짐이나 튐이 거슬린다. 루벤스의 그림들 가운데에는, 하나의 채색 불꽃만 떠올리게 할 뿐 아니라 동일 장소에서 터진 여러 개의 불꽃까지도 떠올리게 하는 것들이 있다. 그림이 커질수록 붓질도 넓어지기 마련임은 말할 것도 없다. 그러나 붓질들이 실제로 뒤섞이지 않는 것이 좋다. 이 붓질들은 그들을 결합시켰던 교감법칙이 원하는 간격만큼 떨어져야 자연스럽게 어우러지니까. 그렇게 색은 더 많은 활력과 싱싱함을 갖게 된다.

자신을 배태했던 꿈에 충실하며 그 꿈과 똑같은 좋은 그림은 하나의 세계를 창조하듯 만들어져야 한다. 우리 눈에 보이는 대로의 창작물이 여러 창작물의 결과이고 그 앞선 창작물들은 늘 뉘이어 오는 창작물에 의해 완성되는 것과 마찬가지로, 전체가 조화를 이루며 나아가는 그림은 일련의 포개지는 그림들로 구성되며, 한 겹 한 겹 색이 더해질 때마다 꿈은 한층 더 사실성을 띠게 되고 한 걸음 더 완벽을 향해 나아간다. 정반대로, 나는 폴 들라로슈와 오라스 베르네의 아틀리에에서 초대형 그림들을, 밑그림이 아니라 이미 그리기 시작하여 몇몇 부분들은 완벽하게 완성됐고 다른 몇몇 부분들은 아직 희거나 검은 윤곽선만으로 표시되어 있는 그런 그림들을 봤던 기억이 있다. 그런 유형의 제작은 정해진 시간 내에 일정 양의 공간을 색으로 덮어야 하는 순전히 손으로 하는 작업이나, 수많은 구간으로 나뉘어 있는 장거리 도로에 비교될 수 있을 듯하다. 하나의 구간을 주행하면 그 구간은 더 이상 주행할 필요가 없다. 그 도로를 전부 주행하고 나면, 예술가는 자신의 그림에서 해방된다.

앞서 언급한 원칙들은 전부 예술가마다의 다양한 기질에 따라서 분명 어느 정도 변형을 겪게 된다. 하지만 나는 그런 것이 풍부한 상상력을 위한 가장 확실한 방식이라고 확신한다. 따라서 지금 논의 중인 그러한 방식을 벗어나 생기는 꿈과 그 꿈의 실현 사이에 놓인 지나친 간극들은, 예술의 어딘가 부차적인 부분을 비정상적이고 부당하게 중요하게 취급했음을 입증한다.

서로 다른 수많은 개인들이 동일한 방식을 적용한다고 가정하는 것은 터무니없다고 말할지도 모르리라는 걱정은 하지 않는다. 수사법이나 운율법은 멋대로 만들어진 횡포가 아니라 지적 존재의 성격 자체가 요구하는 다수의 법칙들이지 않은가. 그리고 운율법과 수사법이 독창성이 분명하게 발휘되는 것을 막았던 적은 없었다. 그 반대, 그러니까 운율법과 수사법이 오히려 독창성의 발현에 도움이 되었다는 것이 훨씬 더 진실에 가까우리라.

간략하게 말하려면 부득이 주요 원칙에서 비롯되는 수많은 파생 규칙들은 건너뛰어야 한다. 주요 원칙에 담겨 있는 것은, 이를테면 진정한 미학의 규범 전체로서, 그 미학은 다음과 같이 표현된다. 가시적인 세계 전체는 이미지와 기호를 모아놓은 저장고일 뿐으로, 그것들 서로간의 자리와 가치는 상상력이 부여하게 될 것이다. 또한 그것은 상상력으로 소화시키고 변형해야 할 일종의 양식이다. 인간 정신의 모든 능력들은 그 능력들을 한꺼번에 징발하는 상상력에 복종해야 한다. 사전을 잘 안다는 것이 반드시 구성 기술을 잘 안다는 의미가 아니듯이, 구성 기술 그 자체가 보편적 상상력을 의미하지는 않는다. 그리하여 **훌륭한** 화가는 **위대한** 화가가 아닐 수 있지만, 위대한 화가는 반드시 훌륭한 화가이다. 왜냐하면 보편적 상상력은 온갖 수단을 직관적으로 파악하는 능력과 그것들을 획득하려는 욕망을 품고 있기 때문이다.

내가 그럭저럭(해야 할 말이, 특히 각각의 예술들 사이에서 상응하는 부분들과 그들이 구사하는 방식에서의 유사성에 대해 할 말이 아직 많지 않겠는가!) 막 설명을 끝낸 개념들에 따르자면, 거대한 예술가 계층, 그러니까 아름다움의 표현에 헌신하는 사람들은 확연히 구분되는 두 진영으로 나뉠 수 있음이 분명하다. 리얼리스트라고, 이중적 의미가 있으며 확정된 의미를 갖고 있지 않은 그 말로 스스로를 부르는 예술가, 그리고 우리로서는 그 오류를 보다 잘 드러내기 위해 실증주의자라고 부르려는 예술가는 이렇게 말한다. "나는 내가 존재하지 않는다는 가정 아래, 사물을 있는 그대로, 혹은 있을 법한 그대로 표현하고 싶다." 그러니 인간이 배제된 세계. 그리고 다른 예술가, 상상력이 풍부한 쪽은 말한다. "나는 나의 정신으로 사물들을 밝히고 거기서 반사된 빛으로 다른 정신들을 비추고 싶다." 정반대되는 이 두 가지 방식이 종교적인 장면에서부터 가장 평범한 풍경에 이르는 온갖 주제들의 가치를 키우거나 줄일 수 있다 해도, 어쨌든 일반적으로 상상력의 인간은 종교화와 환상 작품에서 나타났을 테고, 반면에 소위 풍속화나 풍경화는 게으르고 쉽사리 흥분되지 않는 사람들에게 무궁무진한 재료를 제공해줬을 것으로 보인다. …(중략)…

들라크루아의 상상력! 그 상상력은 종교의 험난한 고지를 오르기를 결코 두려워하지 않았다. 지옥이 그렇듯이, 전쟁이 그렇듯이, 올림푸스 산이 그렇듯이, 관능이 그렇듯이, 천상도 그의 영역이다. 바로 이런 모습이 화가-시인의 전형이 아니겠는가! 그는 드물게 선택받은 사람들 가운데 한 명이고, 그의 정신의 폭은 종교까지 자신의 영역으로 포함한다. 환한 촛불에 둘러싸인 빈소처럼 불타오르는 그의 상상력은 갖은 불꽃들과 갖은 주홍으로 빛을 발한다. 그리스도 수난의 고통과 연관된 것은 전부 그의 열정을 불러일으킨다. 교회 속의 광휘와 연관된 것은 전부 그를 환히 밝힌다. 그는 영감을 받은 자신의 화폭 위에 피, 빛, 암흑을 번차례로 쏟아 붓는다. 나는 그가 기꺼이 자신이 타고난 호화찬란함을 잉여분인 양 교회의 장엄함에 덧붙이리라고 생각한다.

나는 들라크루아의 소품 〈수태고지〉*를 보았다. 성모 마리아를 찾아온 천사는 혼자가 아니고 다른 천사 두 명이 그를 격식 갖춰 인도했으며, 이 천상의 시종들이 내는 효과는 강력했고 매력적이었다. 그가 젊은 시절에 그렸던 그림 가운데 하나인 〈감람산의 그리스도("주님, 제게서 이 잔을 거두어주소서")〉에는 여성적 다정함과 시적 경건함이 넘쳐흐른다. 종교에서 그토록 드높이 터져 나오는 고통과 장중함은 늘 그의 정신 속에 울림을 만들어낸다.

그리고 저는 좀 더 최근에, 생쉴피스 성당의 레 생장주 예배실 장식벽화, 그토록 어리석은 비평들이 쏟아졌던 들라크루아의 그 마지막 대작(〈성전에서 쫓겨나는 헬리오도로스〉* 그리고 〈천사와 씨름하는 야곱〉*)에 대해서 다음과 같이 말했습니다.[7]

들라크루아는 〈트라야누스의 정의〉나 〈십자군의 콘스탄티노플 입성〉에서조차 이보나 더 찬란하고 보디 더 능숙하게 초자연적 배색법을 과시했던 적이 없었고, 데생의 웅장함도 이보다 더 의도적이었던 적이 없었다. 나는 몇몇 인물들, 보나마나 석

---

7   〈르뷔 팡테지스트(Revue Fantaisiste)〉 1861년 9월 15일자에 게재된 글이다.

수(石手)들과 아마도 건축가들일 텐데, 그들이 이 마지막 작품에 대해서 **쇠퇴**라는 표현을 사용했음을 잘 알고 있다. 바로 이쯤 거장들, 시인이든 화가든 위고든 들라크루아든, 거장들이 그들의 소심한 찬미자들보다 몇 년은 앞서감을 떠올려야 할 지점이다.

대중은 천재에 비해 늦게 가는 시계나 마찬가지이다. 통찰력을 갖춘 사람들이라면 그 누가, 거장의 첫 작품에 다른 작품들 전체가 맹아 형태로 담겨 있음을 알지 못하겠는가? 거장이 끊임없이 자신의 타고난 재능을 다듬고, 정성스레 그 재능을 갈고, 거기에서 새로운 효과들을 끌어내고, 스스로 자신의 천성을 극한으로 몰고 가는 것, 그것은 필연적이고 피할 수 없으며 찬양받을 만하다. 들라크루아가 타고난 천재성의 주요 특징, 그것은 바로 그가 쇠퇴를 모른다는 것이다. 그는 진보만을 보여준다. 단지 처음의 재능이 워낙 강렬하고 워낙 풍성하여, 그리고 그 재능이 사람들에게, 가장 평범한 사람들에게조차 너무나 세찬 충격을 주었기에 매일매일의 진보가 그들에게는 느껴지지 않는 것이다. 논리적으로 사고하는 사람들만이 그 사실을 명확하게 인지한다.

나는 좀 전에 석수 몇 명의 발언에 대해 이야기했다. 나는 꼭 야만인들이나 시골뜨기들처럼 윤곽선으로만, 혹은 이건 더 나쁜데 가로·세로·높이라는 세 가지 차원으로만 사물을 평가하는 조잡하고 저속한 사람들(그 수는 어마어마하다)의 계층을 석수라는 용어로 특징짓고 싶다. 나는 이런 종류의 사람들이 나로서는 절대로 이해되지 않는 위계질서를 자질들에 부여하는 것을 종종 들었다. 예를 들어 이 사람에게는 정확한 윤곽을, 저 사람에게는 초자연적 아름다움을 지닌 윤곽을 만들어낼 수 있게 해주는 능력이, 주술적인 방식으로 색을 조합할 줄 아는 능력보다 우월하다고 확언하는 것. 그 사람들 말에 따르자면, 색은 꿈꾸지 않고 생각하지 않고 말하지 않는단다. 특별히 채색화가라고 불리는 그룹에 속하는 화가의 작품을 보면 나는 기쁨에 빠져드는데, 그 감정이 고귀한 성질을 띠지는 않는다. 그 사람들은 나를 기꺼이 물질주의자라고 부르며, 정신주의자라는 귀족적인 꾸밈말은 본인들을 위해 간직하리라.

이렇게 피상적으로 사고하는 사람들은 그 두 가지 기능이 완전히 분리되는 일은 절대로 있을 수 없고, 둘 다 정성스레 가꾼 처음의 싹에서부터 비롯된 결과라는 생각은 하지도 못한다. 외부의 자연은 예술가에게 그 싹을 키워낼 기회를 끊임없이 주고 또 줄 뿐이다. 자연은 예술가가 조합하고 정리하도록 요청받는 마구잡이로 쌓아놓은 재료더미, 자극제,[8] 잠자고 있는 능력을 깨워줄 자명종일 뿐이다. 정확하게 말하자면 자연에는 선도 색도 없다. 그것은 두 개의 추상물로서, 서로의 동등한 고귀함을 동일한 기원으로부터 끌어낸다.

---

8 원문에서는 라틴어 incitamentum을 사용하고 있다.

타고난 데생화가(아이라고 가정하겠다)는 정지하거나 움직이는 자연에서 이런저런 굴곡진 형태를 관찰하게 되는데, 그는 거기에서 일종의 관능을 끌어내고, 구부러진 정도를 내키는 대로 과장하거나 축소하면서 그 형태를 이루고 있는 선들을 종이 위에 그리기를 즐긴다. 그는 이렇게 데생에 곡면과 우아함과 특징을 만들어내는 법을 배운다. 색이라고 불리는 예술의 한 부분을 완성시켜야 할 운명을 타고난 아이가 있다고 가정하자. 그는 바로 두 가지 색조의 충돌이나 보기 좋은 조화로부터, 그리고 거기에서 비롯된 기쁨으로부터 색조들의 무한한 조합 기술을 이끌어낼 것이다. 그 두 가지 경우에 있어서 자연은 순전한 자극이었다.

선과 색은 둘 다 생각하게 하고 꿈꾸게 한다. 거기서 비롯된 즐거움은 서로 다르나 완벽하게 동등하며, 그림의 주제와는 절대적으로 무관하다.

들라크루아의 그림이 너무나 멀리 걸려 있어서 당신이 윤곽선의 매력이나 주제의 다소 드라마틱한 특성에 대해 판단을 내릴 수 없다 해도, 그 그림은 이미 신비로운 관능으로 당신 마음속에 파고든 상태다. 주술적인 분위기가 당신을 향해 걸어와서 당신을 감싼 듯하다. 어두우나 감미롭고, 환하나 고요하고, 당신의 기억 속에 영원히 자리 잡은 그러한 인상은 진정한, 완벽한 채색화가임을 입증한다. 당신이 그림 가까이에 가서 주제를 분석한다 해도 그 원초적 즐거움에서 아무 것도 덜어내지 못하고 아무 것도 덧붙이지 못할 텐데, 그 즐거움의 원천은 다른 곳에, 그 어떤 구체적 생각과도 동떨어져서 존재하기 때문이다.

앞의 예는 뒤집어도 된다. 훌륭하게 그려진 형상은 주제와 완벽하게 무관한 즐거움으로 당신을 파고든다. 기쁨을 주든 끔찍함을 불러일으키든 간에, 그 형상이 지닌 매력은 그것이 공간 속에 그려놓은 우아한 곡선 덕분일 뿐이다. 살가죽을 벗기는 형벌을 받는 순교자의 사지든, 황홀한 표정을 띤 님프의 몸이든, 그것들이 정교하게 데생이 되어 있기만 하다면 주제는 조금도 개입하지 못하는 요소들 속에 일종의 즐거움을 품고 있기 마련이다. 만약 당신에게는 그렇지 않다면, 당신은 폭력적이거나 방종한 사람이라고 생각할 수밖에 없다.

하지만 이런 쓸모없는 진실을 늘 되뇌는 것이 대체 어디에, 어디에 쓸 데가 있을까?

그런데 어쩌면 편집장님, 독자들은 이런 공허한 이야기보다는 우리가 그리워하는 그 위대한 화가의 사람됨과 품행에 대한 자세한 이야기들을, 저 자신도 어서 다루고 싶어서 안달이 난 그 이야기들을 더 높이 칠 듯하군요.

04

제가 말했던 천성의 양면성은 특히 외젠 들라크루아가 남긴 글을 보면 잘 나타납니다. 잘 아시겠지만, 그가 글로 표현한 의견이 점잖고 그 문체가 온건한 것에 대해 많은 사람들이 놀랐으며, 그러한 특성에 대해 어떤 이들은 유감스러워했고 어떤 이들은 지지를 표시했습니다. 〈아름다움의 변주〉, 푸생, 프뤼동, 샤를레에 관한 연구, 그리고 당시 소유주가 리쿠르 씨였던 〈라르티스트(L'Artiste)〉지나 〈르뷔 데 되 몽드(Revue des deux mondes)〉지에 실렸던 또 다른 글들은 위대한 예술가들의 그러한 양면성에 대한 확신을 심어줄 뿐으로, 그러한 특성 덕분에 이들은 창작가로서 본인들에게 가장 결핍되어 있고 본인들이 넘치게 지니고 있는 장점과는 대조적인 장점들을, 비평가로서 매우 기분 좋게 칭찬하고 분석합니다. 만약 외젠 들라크루아가 우리가 그에게서 찬탄해 마지 않는 것, 그러니까 동작에서 드러나는 격렬함, 급작스러움, 구성의 용솟음, 색의 마법을 찬양하고 칭찬했더라면, 사실 그것이 오히려 놀라웠겠지요. 남아돈다 싶을 정도로 갖고 있는 것을 왜 추구할 것이며, 보다 진귀하여 얻기가 보다 힘든 것을 어찌 칭찬하지 않겠습니까? 편집장님, 우리는 화가든 문인이든 간에 천재성을 타고난 창작가들이 본인들의 능력을 비평에 적용할 때마다 그들에게서 동일한 현상이 발생하는 것을 보게 될 겁니다. 고전파와 낭만파, 두 유파 사이에서 대규모 전투가 벌어지던 시절, 어리석은 사람들은 외젠 들라크루아가 라신, 라퐁텐, 부알로를 끝없이 칭찬하는 말을 듣고서 깜짝 놀랐습니다. 나는 늘 격렬하며 예민한 감성을 타고난 시인을 한 명 알고 있는데, 그 시인은 운율이 엄격하게 대칭을 이루는 말레르브의 시만 보면 길고 긴 흥분 상태로 빠져들더군요.

위대한 화가의 문학적 단상들이 그 표현법과 의도에 있어서 아무리 온건하고 분별 있고 단정하다 해도, 그가 거침없이 붓질을 할 때처럼 확신을 갖고 쉽게 그 글들을 썼을 거라고 생각하는 것은 터무니없을 겁니다. 그는 화폭에는 자신이 생각하는 것을 쓰고 있다고 확신하는 만큼, 자신의 생각을 종이 위에 그릴 수 없는 것에 대해 근심했습니다. 그는 종종 이런 말을 했습니다. "펜은 내 도구가 아닙니다. 생각은 똑바르게 한다고 느끼는데, 내가 따라야만 하는 논리 정연의 요구는 두려워요. 글을 한 장 써야만 한다는 사실이 내게 편두통을 안겨준다는 게 믿어지나요?" 천성적으로 고귀한 이 펜 끝에서 너무 자주 나오는 약간 닳은, 다소 상투적이고 제정 풍이기까지 한 몇몇 어구들은 습관이 안 들어서 생긴 바로 그러한 불편함으로 설명될 수 있습니다.

들라크루아의 문체에 가장 눈에 띄게 특징을 남긴 것, 그것은 간결함과, 모든 정신력들이 주어진 한 지점을 향해 집중해 버릇해서 나온 결과인, 일종의 과장 없는 강렬함입니다. "The hero is he who is immovably centred." 그 지루한 보스턴 학파의 수장으로 통하기는 하지만 성찰을 촉발하기에 적합한 세네카 풍의 일침이 없지 않은, 대서양 건너편의 모럴리스트 에머슨이 한 말입니다. "영웅은 흔들리지 않고 집중하는 사람이다." 미국 선험론의 수장이 처세와 사업 영역에 적용하는 그 격언은 시와 예술 영역에도 동일하게 적용될 수 있습니다. 역시 이렇게도 말할 수 있을 겁니다. "문학계의 영웅, 즉 진정한 작가는 흔들리지 않고 집중하는 사람이다." 그러니 편집장님, 들라크루아가 간결성과 집중력을 자랑하는 작가들, 꾸밈이 거의 없는 산문은 사고의 빠른 움직임을 모방한 듯하고 그 문장은 동작과 흡사한 그런 작가들, 예를 들어 몽테스키외에게 대놓고 공감하는 것을 놀랍게 여기지는 않으시겠죠? 저는 그처럼 풍요롭고 시적인 간결성의 흥미로운 예를 제시할 수 있습니다. 최근 〈라 프레스〉지에 실린, 폴 드 생-빅토르가 쓴 아폴롱 갤러리의 천정화에 관한 아주 흥미롭고 아름다운 연구문을 읽었는데, 편집장님도 읽으셨겠죠. 대홍수의 다양한 개념들, 대홍수와 관련된 신화들이 해석되어야 할 방식, 그

경이로운 그림 전체를 구성하는 에피소드들과 행위들의 윤리적 의미 등, 어떤 것도 놓치지 않더군요. 그리고 그림 그 자체도 소위 매력적인, 재치 있는 만큼 생기발랄한 문체로 자세하게 묘사되어 있었고, 저자는 그런 문체의 수많은 예들을 우리에게 보여줬습니다. 그러나 그 전체는 기억 속에 경계가 불분명한 스펙트럼만을, 너무 퍼져나가 희미해진 빛 같은 무엇인가만을 남길 겁니다. 그 거창한 글과 다음 몇 줄을 비교해보십시오. 심지어 다음 몇 줄로 요약된 그림이 존재하지 않는다고 가정해도, 제가 보기에는 이 글이 보다 힘차며, 그림을 그리기에 보다 적합해 보입니다. 저는 들라크루아 씨가 지인들을 초대해 문제의 작품을 감상할 기회를 주면서 지인들에게 나눠줬던 팸플릿을 그저 옮겨오겠습니다.

왕뱀 퓌톤과 싸워 이긴 아폴론*

수레에 올라탄 신은 이미 화살 일부를 쏘았다. 그를 따라온 누이동생 디아나가 자신의 화살통을 내민다. 열기와 생명의 신이 쏜 화살에 이미 꿰뚫려 피투성이가 된 그 괴물은 남아 있는 자신의 생명과 무력한 분노를 달아오른 대기 중에 내뿜으며 온몸을 뒤튼다. 대홍수로 생긴 물은 빠지기 시작하면서 인간과 동물의 사체를 함께 끌고 내려가거나 산 정상에 부려놓는다. 신들은 기형적 괴물들, 진흙에서 태어난 부정한 것들 차지가 되어버린 대지를 보며 분노했다. 그들 또한 아폴론처럼 무장했다. 미네르

바, 메르쿠리우스는 영원한 지혜의 신이 세상의 고독을 생명체로 다시 메우기를 기다리면서 괴물들을 절멸시키려 뛰어든다. 헤라클레스는 몽둥이로 때려죽인다. 불의 신 불카누스는 자기 앞의 어둠과 대기 중의 부정한 수증기를 쫓아버리고, 북풍의 신 보레아스와 서풍의 신 제피로스는 입바람을 불어 물을 말리고 구름을 흩어놓는다. 강과 개울에 사는 님프들은 진흙과 잔해로 아직도 더럽긴 하나 자신들의 갈대밭과 물 항아리를 되찾았다. 좀 더 소심한 신들은 한옆에 떨어져서 신들과 기본요소들 사이에서 벌어진 그 전투를 관망한다. 하지만 천상 저 높은 곳에서는 승리의 여신이 승자 아폴론에게 왕관을 씌워주기 위해 내려오고, 신들의 전령 이리스가 빛이 어둠과 물의 반란에 대해 거둔 승리의 상징인 무지개를 허공에 펼친다.

저도 독자가 많은 부분을 짐작해야 하리라는 것을, 이를테면 윗글의 작성자와 협력해야 하리라는 것을 압니다. 하지만 편집장님, 그렇다면, 정말로 제가 화가를 찬미한 나머지 안 보이는 것도 보는 거라고 생각하시나요? 그 글에서 훌륭한 독서를 통해 갖게 된 고상한 습관이 남긴 흔적을, 그리고 신사, 군인, 건달, 더 나아가 어리석은 아첨꾼까지도 가끔은 우리들이, 글쓰기가 직업인 우리들이 감탄하지 않을 수 없는 아주 아름다운 책들을 쓸 수 있게 해주는, 그런 사고의 정확함이 남긴 흔적을 발견한다고 주장함으로써 정말로 제가 완전히 틀린 거라고 생각하시나요?

05

외젠 들라크루아는 회의주의, 예의바름, 댄디즘, 열렬한 의지, 속임수, 전횡, 그리고 천재성에 늘 따르기 마련인 일종의 각별한 선의와 온건한 애정이 기묘하게 뒤섞인 인물이었습니다. 그의 아버지는, 우리가 어린 시절에 그 마지막 세대를 목격했던 소위 강인한 남성의 부류에 속했습니다. 그들 가운데 어떤 이들은 장 자크의 열렬한 신봉자들이었고 또 다른 이들은 볼테르의 확고한 계승자들이었는데, 이들은 모두 동등한 끈질김으로 프랑스 대혁명을 위해 협력했고, 그들 가운데 생존자들은 자코뱅 당원이든 코르들리에 클럽[9] 회원이든 간에 완벽한 선의(이 점은 중요하게 명기되

---

[9] Club des Cordeliers. 1790년 결성된 정치적 모임으로, 장 폴 마라, 조르주 당통 등이 주도하면서 정치세력으로 자리 잡았다.

어야 합니다)로 보나파르트의 의도에 동조했지요.

외젠 들라크루아는 그러한 혁명적 태생의 흔적을 늘 갖고 있었습니다. 스탕달에 대해 그가 기만당하는 것에 대한 엄청난 두려움이 있었다고 말할 수 있듯이, 들라크루아에 대해서도 그런 말을 할 수 있습니다. 회의적이고 귀족적인 그는 꿈과의 부득이한 지속적 관계를 통해서만 열정과 초자연적인 것을 알았습니다. 군중을 싫어했던 그는 군중을 이미지의 파괴자로만 간주했는데, 1848년에 그의 몇몇 작품에 대해 폭력이 저질러졌지만[10] 그런 일을 겪었다고 그가 우리 시대의 정치적 감상주의로 개종하지는 않았습니다. 문체, 품행, 견해를 보면 심지어 그에게는 빅토르 자크몽[11]을 떠올리게 하는 뭔가가 있었습니다. 이런 비교가 약간 무례하다는 것을 압니다. 그러니 최대한 헤아려 들어주시기를 바랍니다. 자크몽에게는 격분한 부르주아의 재기(才氣)와, 기독교 사제들과 마찬가지로 브라만교 사제들을 바보로 만들려 드는 빈정거리기 좋아하는 성격이 있지요. 들라크루아는 천재가 늘 타고나기 마련인 심미안 덕분에 결코 그런 야비한 언행을 저지를 수는 없었습니다. 따라서 나의 비교는 조심성, 그리고 두 사람 모두의 특징을 이루는 절제하고만 관계가 있습니다. 마찬가지로, 18세기가 그의 천성에 물려준 유전적 특질들은, 특히 격노한 사

---

10 1848년 팔레 루아얄이 약탈당할 당시 〈미사를 드리는 리슐리외 추기경〉이 파괴되었고, 튈르리 궁의 〈모로코 경비대〉가 손상을 입었다.
11 Victor Jacquemont(1801~1832). 프랑스의 식물학자이자 지질학자.

람들에게서도 유토피아를 꿈꾸는 사람들에게서도 떨어져 있는 계층, 대체로 장 자크보다는 볼테르 쪽에 더 가까운 점잖은 회의주의자들과 승자와 생존자들의 계층에게서 빌려온 듯했습니다. 그래서 처음 봤을 때 외젠 들라크루아는 그저, 교양이라는 단어를 정직하게 사용한다면 **교양인**으로, 편견도 열정도 없는 완벽한 **젠틀맨**으로 보였지요. 그 겉모습 아래로 뚫고 들어가서 그의 영혼의 난해한 부분을 헤아려보는 것은 그를 좀 더 꾸준히 만나보아야만 가능했습니다. 차림새라든가 태도 면에서 보다 합당하게 그와 비교될 수 있을 만한 사람은 메리메[12] 씨일 겁니다. 표면상의, 약간은 부러 내보이는 차가움도, 수줍은 감성을, 그리고 선과 아름다움을 향한 열렬한 열정을 가리고 있는 얼음망토도 똑같았습니다. 위선적 이기주의 밑에는 내밀한 친우들과 편애하는 사상을 위한 헌신이 숨어 있는 것도 똑같았습니다.

　외젠 들라크루아에게는 야만스러운 면이 많이 존재했습니다. 그건 그의 영혼의 가장 귀중한 부분, 그의 꿈들을 그리고 그의 예술을 숭배하는 일에 전적으로 바쳐진 부분이었습니다. 그에게는 신사다운 면도 많이 있었습니다. 바로 그런 부분이 전자를 가리고 전자를 인정받게 하는 데 사용되었습니다. 가슴 속 분노를 감추고 천재처럼 보이지 않는 것이 그가 살면서 가졌던 커다란

---

[12] Prosper Mérimée(1803~1870), 프랑스의 소설가로, 〈카르멘〉 등 낭만적 이국 취향과 상상력이 돋보이는 단편소설들을 남겼다.

관심사들 가운데 하나였던 것 같습니다. 정당할 뿐만 아니라 불가피한 정신, 지배하려는 그의 정신은 수많은 친절함 아래에서 전적으로 사라지다시피 했습니다. 꽃다발로 멋있게 은폐한 화산의 분화구 같았다고나 할까요.

스탕달과의 또 다른 유사점은 올바른 처세에 관한 단순한 경구들, 짤막한 격언에 쏠리는 그의 성향이었습니다. 본인들의 뜨겁고 예민한 기질이 처세술에서 벗어나게 하는 만큼 더욱더 그에 매혹되는 사람들이 다 그렇듯, 들라크루아는 실천도덕 문답서 만들기를 좋아했습니다. 덤벙거리는 사람들과 게으른 사람들은 본인들은 실천하는 것이 아무것도 없으면서 그런 실천도덕에 관한 교육을 하나 마나 한 소리로 치부하겠지만, 천재는 단순성과 가까운 사이이기 때문에 이를 경멸하지 않습니다. 건전하고 강력하며 단순하고 단단한 격언들은, 타고난 천재성의 숙명으로 영원한 전투에 내몰린 사람에게는 갑옷과 방패 노릇을 해주는 법이니까요.

확고하고 멸시 섞인 분별이라는 여일한 정신이 정치에 관한 들라크루아 씨의 의견에 영향을 줬다는 것을 말할 필요가 있을까요? 그는 모든 것이 변하는 것처럼 보일지라도 아무것도 변하지 않으며, 민중의 역사에 등장하는 위태로운 몇몇 시기들은 비슷한 현상들을 변함없이 되몰고 온다고 생각했습니다. 요컨대, 이런 종류의 문제에 관한 그의 생각은 냉정하고 가슴 아픈 체념이라는 측면에서 특히 어떤 역사가의 생각과 아주 흡사했습니다.

저로서는 그 역사가를 특이한 케이스로 여기고 있고, 편집장님 쪽에서도, 이런 논쟁엔 이력이 났겠지만 본인과 의견이 다를 때라도 재능 있는 자는 알아보시니 그에게 감탄하지 않을 수 없었던 적이 한두 번이 아니겠죠. 제가 언급하려는 사람은 바로《국가 이성의 역사》를 쓴 섬세하고 박식한 역사가 페라리 씨입니다. 그래서 들라크루아 씨 앞에서 유토피아에 대한 유치한 열광에 빠져든 수다쟁이는 곧, 빈정거리는 연민이 밴 그의 씁쓸한 웃음을 감내해야만 했지요. 만약 누군가 경솔하게 그의 앞에서 현 시대의 거창한 몽상을, 완전과 무한한 진보를 향한 부푼 꿈을 이야기하면, 그때마다 그는 기꺼이 그 사람에게 물었습니다. "도대체 당신의 피디어스[13]들은 어디에 있답니까? 당신의 라파엘로들은요?"

그럼에도 불구하고, 그러한 단단한 상식 때문에 들라크루아 씨에게서 그 어떤 매력도 줄어들지 않았음을 믿으십시오. 불신이 담긴 그러한 능변과 기만당하지 않겠다는 결의가 그토록 시적이고 그토록 생기발랄한 그와의 대화에 마치 바이런 풍의 재치처럼 양념 구실을 했습니다. 그는 마치 프리즘처럼 가장 다정스런 친절에서부터 가장 흠잡을 데 없는 쌀쌀함에 이르기까지, 온갖 미묘한 차이를 담아내는 예의범절과 더불어 자신감과 훌륭한 처신의 우아함을, 오랜 기간의 사교계 출입에서도 얻어냈지만 그

---

[13] Phidias, 5세기경 고대 그리스의 조각가. 완벽한 인체 표현으로 유명했다.

보다는 자기 자신으로부터, 그러니까 자신의 천재성과 그것에 대한 의식으로부터 더 많이 끌어냈답니다. 그는 "나의 친애하는 지기(知己)"라는 말을 발음하는 방식을 스무 가지는 갖고 있어서, 훈련된 귀에는 흥미로운 감정대역이 드러났습니다. 들라크루아 씨는 천재임에도 불구하고, 아니 완벽한 천재성의 소유자라서 댄디다운 면을 무척 많이 갖고 있었으니까요. 이 말은 꼭 해야 했는데, 거기에 들라크루아 씨를 칭찬할 새로운 이유가 들어 있기 때문입니다. 본인 입으로 젊은 시절 댄디즘의 가장 물질주의적인 허영에 기꺼이 빠져봤다고 털어놓았고, 허영기가 전혀 없지는 않은 웃음을 지으면서, 친구 보닝턴의 도움을 받아가며 우아한 젊은이들 사이에 구두와 의상의 영국식 재단법에 대한 취향을 퍼뜨리려고 무진 애를 썼다는 이야기를 해줬답니다. 편집장님 눈에 이런 자세한 이야기가 쓸데없어 보이지는 않으리라고 추측해봅니다. 왜냐하면 몇몇 인물의 천성을 그려야 할 때 불필요한 기억이란 없는 법이니까요.

세련된 문명의 완충용 베일에도 불구하고, 주의 깊은 관찰자에게 깊은 인상을 남기는 것은 들라크루아의 영혼에서도 자연 그대로의 부분이라는 말씀을 드렸지요. 그의 안에 있는 모든 것은 힘이었는데, 그 힘은 감각과 의지에서 비롯된 힘이었습니다. 육체적으로 그는 연약하고 섬세했으니까요. 먹잇감에 집중한 호랑이라 할지라도, 우리의 위대한 화가가 자신의 전 영혼을 바쳐 하나의 생각에 집중할 때나 어떤 꿈을 낚아채기를 원할 때 내비치는 것보다는, 두 눈에 번쩍이는 빛이 덜하고 근육에 초조한 떨림이 덜합니다. 그의 겉모습의 육체적 특징 자체가, 그러니까 페루 사람이나 말레이시아 사람처럼 보이는 안색, 집중하느라 자주 깜박여 가늘어 보이나 커다랗고 검은 두 눈, 숱 많고 반지르르한 머리카락, 고집스러운 이마, 굳센 의지로 늘 긴장하여 엄격한 표정을 띠게 된 항상 꽉 다문 입술 등 요컨대 그의 온몸이 그가 이국 혈통이 아닐까라는 생각을 불러일으켰습니다. 저는 그를 바라보면서 멕시코의 옛 군주들을, 단 하루 사이 태양신을 섬기는 피라미드 모양 제단 위에 인신공양에 익숙한 손으로 3천 명의 목숨을 바치는 것이 가능했던 몬테수마 황제를, 아니면 가장 찬란한 축제의 화려함에 파묻힌 채 두 눈 저 깊은 곳에 일종의 채워지지 않는 갈망을, 설명할 길 없는 우수를, 미지의 것에 대한 기억과 회한을 닮은 그 무언가를 품고 있는 인도의 군주들을 꿈꿨던 적이 한두 번이 아니었습니다. 들라크루아의 그림들이 보여주는 전반적 색 또한 동양의 경치와 실내 특유의 색을 띠고, 열대의 쏟아지는 빛은 그 고장 특유의 강렬한 색조에도 불구하고 예리한 눈에는 전반적으로 황혼녘과 비슷한 결과를 낳게 되는데, 들라크루아 그림의 색감이 바로 그러한 열대의 나라에서 받는 인상과 흡사한 인상을 낳는다는 것을 주의 깊게 봐주십시오. 그의 작품의 윤리성 또한, 그림에서 윤리에 대해 말하는 것이 허용된다면, 암몬 족의 우상 몰록(Moloch) 신을 또렷하게 연상시키는 측면을 갖고 있습니다. 그의 작품에서는 모든 것이 황폐, 학살, 전란일 뿐입니다. 모든 것이 인간의 영원하며 고칠 수 없는 야만성에 불리한 증언을 담고 있습니다. 불타고 연기가 피어오르는 도시들, 목 잘린 희생자들, 강간당한 여인들, 말발굽 아래에 혹은 실성한 어미들의 칼날 밑에 내던져진 아이들 등, 그 작품 전체가 요컨대 숙명과 돌이킬 수 없는 고통에 바쳐진 끔찍한 찬가와 흡사합니다. 물론 그에게 다정함이 결핍된 것은 아니었기에 그도 가끔은 다정하고 달콤한 감정 표현을 위해 붓을 들 수도 있었습니다. 하지만 거기에서도 치유 불능의 쓸쓸함이 아주 강하게 배어 있었고 (자연스러운 관능의 일반적인 동반자들인) 태평스러움과 기쁨은 부재했습니다. 단 한 번인 걸로 알고 있는데, 그는 재미있고 우스운 쪽으로 시도를 했었고,[14] 그런 것이 그의 천성을 넘어서거나 천성에 못 미친다는 것을 알아채기라도 한 듯이 다시는 그런 시도를 하지 않았습니다.

---

[14] 들라크루아는 젊은 시절 자유주의 계열의 정기간행물 〈르 냉 존(Le Nain Jaune)〉과 〈르 미루아르(Le Mirroir)〉에 풍자화 몇 점을 선보인 적이 있었다.

06

"나는 무지한 대중이 싫다"라고 말할 자격이 있는 사람들을 몇 명 알고 있지만, 그들 가운데 그 누가 당당하게 "그래서 그들을 멀리한다"라고 덧붙일 수 있을까요?[15] 너무 잦은 악수는 그런 성격의 가치를 떨어뜨립니다. 일찍이 창살과 자물쇠로 굳건하게 방어된 **상아탑**을 가진 사람이 있었다면 그건 바로 외젠 들라크루아였습니다. 그 누가 더 자신의 상아탑을, 그러니까 비밀을 좋아했겠습니까? 그는 할 수만 있었다면 그 탑에 대포를 설치한 뒤 숲이나 접근이 힘든 바위 위로 옮겨놓았을 거라고 생각합니다. 그 누가 집(home)을, 그러니까 은신처이자 소굴을 더 좋아했겠습니까? 다른 사람들이 환락 때문에 비밀을 쫓듯이, 그는 영감 때문

---

15 원문에서는 "Odi profanum vulgus"와 "et arceo"라는 라틴어 표현을 사용하고 있다.

에 비밀을 쫓았고 그 안에서 일의 홍수에 빠져들었습니다. "삶에서 유일한 지혜는 집중이며, 유일한 악은 산만함이다."[16] 우리가 앞에서 이미 인용했던 그 미국의 철학자가 한 말입니다.

들라크루아 씨가 남겼을 만한 격언이기도 하지만, 확실한 것은 그가 그 격언을 엄격하게 실천했다는 겁니다. 그는 너무나 사교계 인사라서 사교계를 경멸하지 않을 수 없었습니다. 그는 자기 자신이 노골적으로 드러나지 않도록 많은 노력을 기울였기 때문에 자연히 우리 모임에 더 끌리게 되었습니다. 우리라고 했는데, 지금 이 글을 쓰고 있는 보잘것없는 필자만이 아니라 기자, 시인, 음악가들까지, 그러니까 나이가 적든 많든 상관없이 함께 있으면 긴장을 풀고서 자유롭게 속을 털어놓을 수 있는 몇몇 다른 사람들까지 포함된 겁니다.

리스트는 쇼팽에 관한 흥미진진한 연구서에서 그 음악가이자 시인을 가장 꾸준히 찾았던 사람들 가운데 들라크루아를 꼽으며, 그가 심연의 공포 위로 날아다니는 찬란한 새 한 마리를 닮은 우아하고도 열정적인 쇼팽의 음악을 들으며 깊은 몽상에 빠져들기를 좋아했다고 말했습니다.

그렇게, 당시 우리는 아주 젊었지만, 그에 대한 찬미의 진정성 덕분에 철옹성 같던 그 아틀리에에 뚫고 들어갈 수 있었습니다.

---

[16] 에머슨에게서 따온 구절로, 원문에서는 "The one prudence in life is concentration; the one evil is dissipation."라는 영어 표현을 사용하고 있다.

우리의 혹독한 기후에도 불구하고 그곳은 적도의 온도가 지배했고, 대번에 옛 유파의 소박한 장중함과 특별한 엄정함이 우리 눈에 강렬한 인상을 안겨줬습니다. 다비드의 오랜 라이벌들, 오래전에 사라졌지만 감동적인 영웅들의 아틀리에를 어린 시절에 봤었는데, 그 모습 그대로였습니다. 우리는 지리멸렬한 변덕에 흔들리는 경박한 인물은 이 은신처에 머물 수 없다고 느꼈습니다.

그곳에는 녹슨 갑주도, 말레이족의 단검도, 고딕 풍 낡은 고철도, 보석도, 고물도, 골동품도, 그러니까 소유주가 어린애 장난 같은 취향이나 어린 시절 몽상 속의 광시곡풍 방랑벽을 갖고 있음을 보여주는 것은 단 하나도 없었습니다. 어디서 발견했는지는 알 수 없지만 야콥 요르단스[17]가 그린 뛰어난 초상화 한 점, 거장이 직접 그린 습작 몇 점과 복제화 몇 점이면, 누그러진 온화한 광선이 명상에 빛을 던져주는 이 넓은 아틀리에의 장식으로 충분했습니다.

전해 듣기로는 들라크루아의 데생과 그림을 다가오는 1월 공매에 내놓기로 했다는데, 아마 그때 그 복제화들을 볼 수 있을 겁니다. 그가 복제화를 그리는 방식은 크게 두 가지로 대별되었습니다. 하나는 원작을 반쯤은 존중하고 반쯤은 저버리는 자유롭고 느슨한 방식인데, 그 경우에 그는 자신의 많은 부분을 집어넣었습니다. 이러한 방식으로부터 보고 있으면 기분 좋은 불확실함

---

17 Jacob Jordaens(1593~1678), 플랑드르의 바로크 유파 화가.

이 피어나는 매력적인 잡종의 창작품이 탄생했습니다. 루벤스 원작의 〈성 베네딕도의 기적〉의 대형 복제화도 바로 그런 역설적인 모습으로 제게 다가왔습니다. 들라크루아가 또 다른 방식을 택할 때면, 그는 원작에 가장 복종적이며 가장 겸손한 노예가 되어, 그 기적을 보지 못했던 사람들이라면 그것이 모방임을 믿지 못할 정도의 정확함에 도달했습니다. 예를 들어, 루브르에 전시되어 있는 라파엘로가 자신과 친구를 그린 초상화 두 점을 표현, 스타일, 방식에 있어서 어찌나 고지식하게 모방했는지, 원작을 복제화로도, 반대로 복제화를 원작으로도 착각할 만합니다.

들라크루아는 아랍인의 식사보다도 더 가벼운 식사를 마친 뒤 노점 포목상이나 꽃장수가 정성을 쏟듯 팔레트를 치밀하게 구성하고 나면, 중단되었던 생각을 다시 이어가려 애를 썼습니다. 하지만 격렬한 작업에 뛰어들기 전 신을 피해 도망가는 무녀나 펜을 들고 종이를 공격하기 전에 근 한 시간 동안 괜히 시간을 흘려보내고, 쓸데없이 자료를 정리하고 책을 뒤적이던 장 자크 루소를 떠올리게 하는 그런 종류의 무기력함, 두려움, 신경의 곤두섬을 종종 경험했지요. 하지만 일단 예술가의 주술이 발휘되기 시작하면 그는 육체적 피로로 나가떨어질 때가 되어야만 멈췄습니다.

어느 날, 예술가와 작가에게 늘 무척 흥미로운 그 문제에 대해서, 그러니까 작업 수칙과 생활 태도에 대해 이야기를 나눴을 때, 그가 내게 이런 말을 했습니다.

"예전에 젊었을 때는 음악, 발레 혹은 다른 그 어떤 기분 전환

거리든지 간에 저녁에 즐긴다는 보장이 있을 때에만 일에 착수할 수 있었습니다. 하지만 지금은 더는 어린 학생 같지 않아서, 보상 받으리라는 희망이 전혀 없어도 중단 없이 일할 수 있지요." 그러더니 이런 말을 덧붙였습니다. "꾸준히 노동하면 즐기는 일에 있어서 사람이 얼마나 너그러워지고 까다롭지 않게 되는지를 아신다면 좋을 텐데! 하루를 아주 알차게 보낸 사람은 동네 귀퉁이의 심부름꾼에게서도 충분한 재치를 발견하고, 그와 함께 카드놀이를 즐길 의향이 생기게 된답니다."

그 이야기는 시골사람들과 주사위 놀이를 즐긴 마키아벨리를 떠올리게 했습니다. 그런데 어느 일요일, 나이 든 하녀를, 삼십 년간 헌신적으로 그를 돌보고 시중을 들어왔던 여인을 데리고 루브르에 온 들라크루아 씨를 보게 됐는데, 바로 그가, 우아하고 세련되고 박식한 그가 그 선량한 여인에게 아시리아 조각의 신비를 기꺼이 보여주며 설명해주고 있었고, 여인은 고지식한 열성으로 그의 말에 귀를 기울이고 있더군요. 마키아벨리와, 우리가 예전에 나눴던 대화가 그 즉시 내 머릿속에서 되살아났습니다. 말년에 사람들이 쾌락이라고 부르는 것은 전부 그의 삶에서 사라졌고, 매섭고 까다롭고 무시무시한 단 하나의 즐거움이 노동이, 그때쯤에는 더 이상 그저 열정이 아니라 격노라고 불렸을 법한 노동이 다른 즐거움을 전부 대체했다는 것, 이것이 바로 진실입니다.

들라크루아는 아틀리에에서건 대형 장식화 작업에 필요했던 발판 위에서건 하루에 몇 시간이고 그림 그리는 데 바치고 난 뒤에도 여전히 예술을 사랑할 힘이 남아 있어서, 만약 저녁 시간을 불가에서 램프의 불빛을 받아가며 그림을 그리고, 몽상, 생각, 삶의 우연 속에서 엿본 형상들로 종이를 메우고, 가끔씩은 자신의 기질과 동떨어진 기질의 화가들이 그린 그림들을 베끼는 데 사용하지 못했다면, 그날 하루를 알차게 보내지 못했다고 판단했을 겁니다. 왜냐하면 그는 메모와 크로키에 대한 열정이 있어서 어느 장소에 있든지 간에 그 일에 빠져들었으니까요. 제법 오랜 기간 동안 그는 함께 저녁나절을 보낼 요량으로 친구 집에 가서는 그림을 그리곤 했습니다. 그렇게 해서 비요 씨가 그 풍요의 붓이 생산해낸 뛰어난 데생들을 상당수 갖고 있는 것이고요.

한번은 그가 나도 알고 있는 어떤 젊은이에게 이런 말을 했습니다. "어떤 남자가 5층에서 창문으로 몸을 던질 때, 그가 5층에서 땅바닥으로 추락할 시간 동안 그 모습을 크로키로 담아낼 수 있을 만큼 능숙하지 못하다면, 자네는 결코 대작들을 만들어낼 수 없을 걸세." 나는 이 거창한 과장법에서 그분 평생의 관심사를 다시 만나게 되는데, 그건 바로 동작과 생각의 강렬함에서 조금이라도 사라지는 것이 없도록 충분한 신속함과 자신감을 갖고 작업하는 것입니다.

다른 많은 분들도 보고 알았다시피, 들라크루아는 대화를 즐기는 사람이었습니다. 하지만 재미있는 것은 그분은 대화를 자신의 힘을 소진시킬 위험이 있는 환락, 방탕과 같이 보았기에 대화를 두려워했다는 겁니다. 그분은 당신이 그분 댁에 들어설 때면 이런 말부터 던지곤 했습니다.

"우리 오늘 아침에는 이야기를 많이 나누지는 않겠죠? 아니, 아주 조금만, 아주 조금만 합시다."

그러고는 세 시간 동안 대화를 나눴지요. 그의 이야기는 반짝이고 섬세했지만 사실, 추억, 일화로 가득했습니다. 요컨대, 영양이 풍부한 말이었습니다.

상대방의 반론으로 자극받으면 그분은 잠시 뒤로 물러섰고, 정면에서 자신의 적수를 공격하면 살롱의 설전에 법정의 살벌함을 끌어들일 위험이 있으니 그러는 대신, 잠시 자신의 적수와 놀다가 허를 찌르는 논리나 사실을 들고 나와 재공격에 착수했습니다. 그건 정말이지 투쟁을 사랑하나 예의바름의 노예인 남자의 대화여서, 교활함과 고의적 양보가 난무하고 갑작스러운 치고 빠짐이 가득했습니다.

아틀리에의 친밀한 분위기에서 그는 마음 놓고 요즘 화가들에 대한 의견을 털어놓을 정도였고, 특별한 종류의 순박함과 쉽게 즐거움을 찾는 능력에서 비롯된 것이 아닌가 싶은, 천재의 너그러움에 종종 감탄해 마지않았던 것도 바로 그런 기회를 통해서였습니다.

그는 드캉[18]에 대해서는 놀라울 정도로 관대했는데, 드캉은 오

---

18 Alexandre-Gabriel Decamps(1803~1860), 동방 풍경과 동물을 사실적으로 그린 프랑스 화가.

늘날 한물갔지만 여전히 그의 머릿속을 추억의 강력함으로 지배했습니다. 샤를레에 대해서도 마찬가지였지요. 한번은 그가 나를 집으로 불렀는데, 국수주의가 낳은 그 인물에 대해 썼던 불경스러운 글에 대해 부러 나를 격렬하게 꾸짖기 위함이었습니다. 내가 비난했던 것은 초기의 샤를레가 아니라 쇠락한 샤를레, 제1제정 시대의 근위병의 모습을 남긴 고귀한 역사가가 아니라 동네 카페의 재사였다고 설명하려 애썼지만 아무 소용이 없었습니다. 나는 결코 용서받을 수 없었습니다.

그는 몇몇 부분에서는 앵그르에게 찬사를 보냈는데, 물론, 기질로는 밀어냈을 것을 이성으로 감탄하기 위해서는 그에게 비평가의 당찬 힘이 필요했습니다. 그는 심지어 앵그르가 흑연으로 그린 세밀 초상화 몇 점을 찍은 사진을 정성스럽게 모사하기까지 했는데, 앵그르 씨는 운신의 폭이 줄어들수록 더욱더 민활해지는 만큼 그의 가차없이 파고드는 재능이 그 진가를 가장 잘 보여주는 것도 그런 작품들입니다.

오라스 베르네의 고약한 색도 베르네의 작품 대부분에 생기를 부여하는 독창적 잠재력을 감지해내는 것을 막지는 못해서, 들라크루아 씨는 그 반짝임과 그 지칠 줄 모르는 열의를 찬양하려고 놀라운 표현들을 찾아냈습니다. 메소니에[19] 씨에 대한 그의 감

---

19 Jean-Louis Meissonier(1815~1891). 나폴레옹 초상화와 영웅적인 군대 그림들로 알려진 프랑스 화가.

탄은 조금 너무 멀리까지 나아갔습니다. 그는 메소니에 씨의 최고의 작품 〈바리케이드〉 제작 준비에 사용되었던 데생들을 거의 빼앗다시피 했는데, 메소니에의 재능은 붓보다는 그저 연필 하나로 더 생생하게 나타납니다. 그는 불안해하며 미래를 꿈꾸는 것처럼 메소니에에 대해 종종 이런 말을 했습니다. "결국, 우리들 전부 가운데 살아남을 게 가장 확실한 사람은 바로 그예요." 엄청난 대작을 남긴 화가가 소품에서만 뛰어난 화가를 질투하다시피 하는 모습이 흥미롭지 않습니까?

그 고상한 입에서 거친 말이 나오게 할 정도의 힘을 지닌 이름은 유일하게 폴 들라로슈였습니다. 그 화가의 작품에서는 그런 작품에 대한 변명거리가 될 만한 그 어떤 것도 찾질 못했던 모양이고, 내 기억이 맞다면 테오필 고티에[20]가 평했듯이 잉크 범벅인 그 추악하고 씁쓸한 그림이 안겨줬던 고통의 기억을 그는 고스란히 간직하고 있었습니다.

그가 끝없는 한담으로 도망치고 싶을 때 기꺼이 골랐던 화가는 생각도 재능도 그와 가장 닮지 않은 화가, 그와는 진정 정반대인 사람, 마땅히 누려야 할 정당한 평가를 아직 못 받고 있으며 고향의 시커먼 연기에 뒤덮인 하늘처럼 명료하지는 않은 두뇌의 소유자지만 수많은 멋진 생각들을 담고 있는 화가였습니다. 그

---

[20] 테오필 고티에는 1858년 〈라르티스트〉지에 폴 들라로슈에 관한 비평을 발표했는데, 그 글에서 들라로슈의 〈처형대로 가는 스트래포드 경〉에 대해 범람하는 검은색이 마치 구두약을 발라놓은 듯하다는 평을 했다.

이름을 밝히자면 폴 슈나바르[21]씨입니다.

  이 리옹 출신 철학적 화가의 알쏭달쏭한 이론들은 들라크루아를 웃게 만들었는데, 지나치게 추상을 좋아하는 그 교육가는 순수 회화의 쾌락을 유죄까지는 아니라 하더라도 경박한 것으로 간주했습니다. 하지만 두 화가는 서로 멀리 떨어져 있다 하더라도, 그리고 바로 그 동떨어짐 때문에라도 서로에게 다가가기를 좋아했고, 그 둘은 정박용 쇠갈고리로 나란히 붙여 놓은 두 척의 선박처럼 다시는 서로를 떠날 수 없었습니다. 게다가 둘 다 교양이 몹시 풍부했고 사교성까지 뛰어나서, 박식이라는 공동의 장에서 만났지요. 아시다시피, 일반적으로 박식은 예술가들이 빛을 발하게 해주는 자질은 아니랍니다.

  따라서 슈나바르는 들라크루아에게는 드물게 보는 기댈 만한 인물이었습니다. 두 사람이, 한 사람의 말은 거창한 무구를 갖춘 코끼리처럼 육중한 걸음을 옮기고, 다른 한 사람의 말은 날카로운 동시에 유연한 펜싱 검처럼 가볍게 떨리는 가운데, 악의 없는 전투를 치르느라 분주한 걸 보는 것은 진정 기쁨이었습니다. 생을 마감하기 전 몇 시간 동안, 우리의 위대한 화가는 우정을 나눈 자신의 반대자의 손을 잡고 싶다는 열망을 드러냈습니다. 하지만 그 사람은 당시 파리에서 먼 곳에 있었답니다.

---

21 Paul Chenavard(1808~1895). 프랑스 화가. 독일 철학의 영향으로 형이상학적 회화를 추구했다.

07

 들라크루아가 미켈란젤로와 유사하게(그가 쓴 소네트 가운데 한 편이 어떻게 끝나는지 기억해보십시오. "조각이여! 신성한 조각이여, 넌 나의 유일한 애인!") 그림을 자신의 유일한 뮤즈로, 자신의 유일한 애인으로, 자신의 오직 하나면 충분한 쾌락으로 삼았다는 것을 안다면, 감상적이며 겉멋 든 여인들은 아마도 충격을 받을 겁니다.
 그도 청춘의 격동기에는 보나마나 여자를 많이 좋아했겠지요. 그 누가 이 무시무시한 우상을 지나치게 추종하지 않았겠습니까? 그 우상에 대해 가장 많이 불평하는 자들은 바로 그 우상을 가장 많이 섬겼던 자들이라는 것을 그 누가 알지 못하겠습니까? 하지만 들라크루아는 생을 마감하기 이미 오래 전부터 자신의 삶에 여자를 들이지 않았습니다. 그가 이슬람교도라면 모스크에서 여자를 내쫓지는 않았겠지만, 여자가 과연 신과 어떤 종류의 대화를 나눌 수 있을지가 이해되지 않아서 그들이 모스크에 들어오는 것을 보며 놀랐을 겁니다. 그에게서는 다른 많은 문제에 있어서 그렇듯이, 이 문제에 있어서도 동양적 사고가 전횡을 부리며 우위를 점했습니다. 그는 감미로우며 정신에 자극이 되는 여인을 예술작품으로 간주했지만, 그 예술작품은 마음의 문턱을 넘어서게 내버려두는 순간 불순해지고, 혼란을 몰고 오며, 시간과 기운을 게걸스럽게 먹어치운다고 생각했습니다.

기억하기로, 한번은 공개적인 장소에서 독창적인 아름다움과 우수가 어린 여인의 얼굴을 가리켜 보였을 때, 그는 그 아름다움을 기꺼이 음미하면서도 으레 싱긋 웃더니 이런 말을 대답으로 내놓았습니다. "어떻게 여자가 우수에 젖으리라는 기대를 하지요?" 아마도 우수라는 감정을 알기에는 본질적인 그 무언가가 여자에게 결여되어 있음을 넌지시 암시하는 거였겠죠.

그건 불행히도 상당히 모욕적인 이론인데, 나로서는 열정적 미덕을 그리도 자주 보여줬던 하나의 성(性)에 대한 명예 훼손적 견해에 대해 칭찬하지는 않으렵니다. 하지만 내가 그런 생각의 바탕에는 신중함이 있고, 함정으로 가득한 세상에서 재능이 신중함으로 아무리 무장한들 지나친 일이 아닐 테고, 천재에게는 우리가 단순한 시민이나 일개 가장이라면 충격을 받을 만한 몇 가지 확고한 견해(이런 견해가 사회의 안정을 어지럽히지만 않는다면)를 지닐 특권이 있다고 말하는 건 허용되겠죠.

그에 대한 기억에 어두운 그림자를 드리우게 될지도 모른다는 위험을 무릅쓰고서라도, 그가 아이들에게 특별한 애정을 표시하지 않았다는 사실을 비탄에 빠진 사람들의 판단에 맡기겠습니다. 그의 머릿속에서 어린아이는 잼 범벅이 된 손으로(캔버스와 종이를 더럽히는 것), 혹은 야단법석을 떠는 존재로(성찰을 방해하는 것), 혹은 공격적이고 원숭이나 다를 바 없는 짐승처럼 위험스러운 존재로만 여겨졌습니다.

그는 가끔 이런 말을 했습니다. "아직도 분명히 기억하는데, 난 아이 적에 **괴물**이었어요. 의무에 대해서는 정말로 느리게 깨치게 되는데, 인간이 타고난 악의를 차츰차츰 줄여나가는 건 바로 고통, 처벌을 통해서, 그리고 이성의 점진적 훈련을 통해서일 뿐입니다."

그렇게 소박한 상식을 통해 그는 가톨릭적 사상으로 되돌아왔습니다. 왜냐하면 일반적으로 아이는 어른에 비해서 통상 원죄에 훨씬 더 가깝다고 말할 수 있으니까요.

08

 들라크루아는 남성적이고 깊이 있는 본인의 감성 전부를 우정이라는 준엄한 감정을 위해 남겨뒀던 듯합니다. 처음 본 사람 아무에게나 쉽게 빠져드는 사람들이 있는가 하면, 다른 이들은 그런 숭고한 능력의 사용을 중요한 기회를 위해 남겨둡니다. 나는 지금 풍성한 기쁨을 느끼며 들라크루아라는 명사의 이야기를 들려드리고 있는데, 그분은 사소한 일들로 방해받는 것을 좋아하지 않는 반면, 중요한 일인 경우 타인에게 도움이 되고, 용감하고, 열렬해질 줄을 알았습니다. 그분을 잘 알고 있었던 사람들은 그분의 충실성, 정당성, 사회적 관계에서 보여주는 영국식 견실함의 가치를 알아볼 수 있었습니다. 그가 다른 사람들에게 까다롭게 굴었다면 그 자신에 대해서는 엄격했습니다.
 외젠 들라크루아를 향한 몇 가지 비난에 대해 몇 마디 하려니

슬픔과 역정이 치미는군요. 어떤 사람들이 그분이 이기적이고 심지어 인색하다고 비난하는 것을 들었습니다. 편집장님, 상투적인 영혼들로 가득한 계층이, 우정과 마찬가지로 너그러움을 베푸는 데 열심인 사람들에게 늘 그런 비난을 던진다는 것에 주목하십시오.

들라크루아는 정말 알뜰했습니다. 그것만이 필요할 경우 아주 너그러울 수 있는 유일한 방법이었으니까요. 몇 가지 예로 입증할 수 있겠지만 그분의, 그리고 그분을 칭찬해야 했던 사람들의 허락을 받지 못했기 때문에 그러기는 힘들 듯합니다.

오랜 기간 그의 작품들이 거의 팔리지 않았고, 장식화 제작에 가진 돈을 투입하지 않을 때면 자신의 번 돈 거의 전부를 투입했다는 사실에 주목하십시오. 그는 가난한 예술가들이 그의 작품 가운데 어떤 작품을 갖고 싶다는 욕망을 내비칠 때마다 수도 없이 여러 번 돈에 대한 무관심을 보여줬습니다. 그래서 관대하고 너그러운 정신을 지닌 의사들이 때로는 치료비를 받고 때로는 그냥 치료해주기도 하는 것처럼, 자기 작품들을 그냥 주거나 가격에 개의치 않고 넘기곤 했습니다.

끝으로, 비범한 인물은 다른 그 누구보다도 개인의 방어에 신경을 써야만 한다는 사실에 유의합시다. 전 사회가 그와 전쟁을 벌인다고 말할 수 있습니다. 그런 경우를 확인할 수 있었던 게 한두 번이 아닙니다. 그의 예의바름, 사람들은 그것을 차가움이라고 부릅니다. 그의 빈정거림, 그것이 아무리 완화된 것이라 하더라도 악의라고 불립니다. 그의 알뜰함은 인색이라고 불리고요. 하지만 만약 정반대로 가난한 사람이 앞날을 대비하지 못한다면 그를 불쌍히 여기기는커녕 사회는 "잘됐네. 궁핍은 낭비의 죗값이지."라고 말할 겁니다.

내 확언할 수 있는데, 들라크루아는 돈과 절약이라는 문제에 있어서 스탕달의 의견에, 대범함과 신중함을 조화시킨 그 의견에 전적으로 공감했습니다.

스탕달은 이렇게 말했습니다. "재사(才士)는 그 누구에게도 의존하지 않으려면 꼭 필요한 만큼(스탕달의 시대에는 6천 프랑의 수입이었지요)은 가지려고 애써야 한다. 하지만 그런 안전에 도달하고 나서도 재산을 불리는 데 시간을 낭비한다면 그는 하찮은 인간이다."

필요한 것을 추구하고 과잉을 경멸하는 것, 그것이 현명한 사람, 금욕적인 사람의 태도입니다.

우리의 화가가 말년에 가졌던 커다란 근심거리 가운데 하나는 후대의 평가와 자기 작품의 불확실한 지속성이었습니다. 때로는 그토록 예민한 그의 상상력이 불멸의 영광을 생각하며 활활 타올랐고, 때로는 씁쓸하게 캔버스와 색의 허약함에 대해 이야기했지요. 또 다른 때에는 옛 거장들을 부러워하며 언급했는데, 이 거장들 거의 전부가 묘침과 조각칼을 거장들의 재능의 성격에 잘 맞출 줄 알았던 능란한 판화가들에 의해 판화로 옮겨지는 행운을 누렸기에, 그는 자신의 번역가를 찾지 못한 것을 몹시 아쉬워

했습니다. 그가 즐기는 대화의 주제들 가운데 하나가, 인쇄된 작품의 지속성에 비해 그처럼 쉽게 부서지는 그려진 작품의 성질이었습니다.

무척 연약하면서도 무척 끈질긴, 무척 예민하면서도 무척 용감한 그 인물, 유럽의 예술사에서 유일무이한 그 인물, 커다란 벽면을 그의 웅장한 생각들로 뒤덮기를 끊임없이 꿈꿨던 병약하고 추위를 많이 타는 예술가는 폐렴에 대한 느닷없는 예감을 가졌던 듯한데, 그 병이 그를 앗아갔을 때 우리 모두는 샤토브리앙의 죽음과 발자크의 죽음 때문에 겪었던 정신적 쇠약, 그 점점 커져 나가는 고독의 감정, 최근에는 알프레드 비니[22]가 세상을 뜨면서 다시 한 번 느꼈던 감정, 그것과 유사한 무언가를 느꼈습니다. 국민적 애도에는 전체적인 생명력의 감퇴, 세상의 종말을 일시적으로 재현하는 일식과도 흡사한 지성의 스러짐이 들어 있습니다.

하지만 그러한 느낌은 지적 관계를 맺음으로써만 자신의 가족을 만들 수 있는 고고하고 홀로인 사람들에게 특히 영향을 미치리라고 생각합니다. 다른 시민들의 경우, 대부분은 위인의 상실로 조국이 상실한 그 모든 것을, 그가 조국을 떠나면서 어떤 빈 자리를 남겨놓는지를 그저 서서히 깨닫기 마련입니다. 그래도 그들에게 귀띔은 해줘야 합니다.

편집장님, 이 불행한 시대를, 그토록 가난한 동시에 그토록 풍

---

22   Alfred Vigny(1797~1863), 프랑스의 낭만주의 시인.

요하며, 때로 지나치게 까다로운가 싶으면 때로 지나치게 관대하며, 그리고 부당함은 너무 잦은 이 시대를 함께 살아간 소중한 천재들 중 한 분에 대한 추억이 제게 떠올리게 하는 그 모든 것을 자유롭게 말하도록 해주신 것에 대해 진심으로 감사드립니다.

〈수태고지〉
외젠 들라크루아, 1841, 캔버스에 붙인 종이에 유채, 31.2×43.7cm, 파리 들라크루아 미술관

〈성전에서 쫓겨나는 헬리오도로스〉
외젠 들라크루아, 1854~1861, 회반죽에 유채와 왁스, 751×485cm, 파리 생쉴피스 성당

〈천사와 씨름하는 야곱〉
외젠 들라크루아, 1857~1861, 회반죽에 유채와 왁스, 751×485cm, 파리 생쉴피스 성당

〈왕뱀 퓌톤과 싸워 이긴 아폴론〉
외젠 들라크루아, 1851, 천정에 붙인 캔버스에 유채, 800×750cm, 파리 루브르 미술관

옮긴이의 글

국내 독자 대부분에게 《악의 꽃》의 시인으로 그 이름이 귀에 익었을 보들레르는 미술비평가로서도 적잖은 글들을 남겼다. 그는 10년을 훌쩍 넘는 기간 동안 꾸준히 발표한 프랑스 국전 비평문 여러 편(〈1845년 살롱〉, 〈1846년 살롱〉, 〈만국박람회〉(1855), 〈1859년 살롱〉 등)을 통해 단순한 리뷰 이상의 비평문을 선보인 동시에, 특정 주제를 심화시킨 흥미로운 비평문들(〈현대의 삶을 그리는 화가〉, 〈웃음의 본질에 관해, 그리고 조형예술 속의 보편적 희극성에 관해〉 등)을 남기기도 했다. 이번에 《은행나무 위대한 생각》을 통해 펴내는 보들레르의 글들은 바로 그런 비평문 두 편으로서, 한 편은 당대의 풍속화가 콩스탕탱 기스를 소재로 한 〈현대의 삶을 그리는 화가〉(1863)이고, 다른 한 편은 들라크루아가 세상을 뜨자 거장에 대한 추모의 마음을 담아 〈로피니옹 나시오날〉 지에 기고

한 〈들라크루아의 삶과 작품〉(1863)이다.

두 편 모두 국내 독자에게 진즉에 소개될 기회가 있었다. 열세 절의 짤막한 텍스트로 이루어진 〈현대의 삶을 그리는 화가〉는 2002년에 박기현이 〈현대적 삶의 화가〉라는 제목으로 번역하여 〈세계의 문학〉에 실었다. 이것이 초역이 아닌가 싶다. 그 뒤 2011년 문학과지성사에서 펴낸 《보들레르의 수첩》에 〈현대의 삶을 그리는 화가〉를 이루는 열세 절 가운데 '현대성', '댄디', '화장 예찬'이 이건수 번역으로 실렸다. 그리고 2013년 말에 박기현이 《보들레르의 현대생활의 화가》라는 제목으로 이전 번역을 고쳐 인문서재에서 단행본으로 출간했으나, 이 번역본의 존재는 역자가 원고를 넘기고 나서 알게 되었다. 〈들라크루아의 삶과 작품〉은 1979년 열화당에서 윤영애 번역으로 보들레르의 비평문 여섯 편을 묶어 출간했을 때 〈들라크루아의 생애와 작품〉이라는 제목으로 국내 독자와 만날 기회가 있었다.

앞선 두 번역본을 살펴보면, 윤영애의 〈들라크루아의 생애와 작품〉은 텍스트의 발화상황이 완전히 빠져 있다는 점이 가장 먼저 눈에 띈다. 이 글이 〈로피니옹 나시오날〉의 편집장인 아돌프 게루를 수신인으로 하고 있음을 보여주는 서두를 통째로 들어냈는데, 의례적인 서두가 불필요하다고 판단한 편집자의 개입이었는지 어떤 다른 이유에 의한 번역자의 판단이었는지는 분명하지 않다. 윤영애의 번역본은 70년대 말에 나왔던 만큼 낡기도 했을 뿐만 아니라, 보들레르의 논리에 대한 오독이나 프랑스어 지식의 부족으로 인해 생긴 것으로 보이는 결정적 오류가 몇 군데 있었다. 그럼에도 불구하고, 삼십 년이 넘는 기간 동안 급한 대로 독자들의 지적 욕구를 충족시켜주는 기본적인 소임은 완수한 번역본임에 틀림없다.

박기현의 〈현대적 삶의 화가〉는 보들레르의 미학사상을 섬세하게 따라감으로써 자신의 예술관을 논리적으로 서술하는 비평가로서의 보들레르를 충실하게 담아냈다는 점에서 빼어난 번역이다. 단지 이성적인 비평문으로서의 면모는 도드라진 반면, 시적인 산문으로서의 면모는 상대적으로 가라앉아 있어서 조금 아쉬웠다. "한 편의 그림에 대한 최상의 리뷰는 소네트 한 편이나 엘레지 한 편일지도 모른다."고까지 한 시인 보들레르의 모습은 조금 뭉개진 느낌이라고나 할까. 아마도 시인으로서 보들레르의 모습이 가장 두드러지게 드러나는 부분이 대체적으로 번역자들이 가장 어려워하는 묘사가 집중된 부분이라서 그럴지도 모르겠다. 보들레르는 펜을 휘둘러 기스의 작품을 독자들의 눈앞에 현란하게 펼쳐놓을 뿐만 아니라 기스의 작품이 촉발시킨 다채로운 환상들로 독자들을 초대한다. 그러니까 번역이 성공하려면 국내 독자들 역시 원문에서처럼 유려한 한국어 문장의 리듬을 타고, 보들레르가 기스의 그림을 보며 눈앞에 떠올렸던 것을 엇비슷하게 눈앞에 떠올릴 수 있어야 한다.

번역 과정의 지난함과 고달픔을 뼛속 깊이 느낄 수밖에 없는 전문 번역가이기에 더더욱 기본은 해준다 싶은 번역본들에 대해서는 너그럽기 일쑤였던 평소와는 달리, 앞선 번역본들에 대해 까탈을 부려보았다. 그 까닭은 앞선 번역본들의 비판적 읽기가 곧 재번역본의 존재 이유에 대한 설명이기도 해서이다. 앞선 번역본들에 대한 미운 소리를 통해 재번역본의 지향점을 간접적으로 밝히고 난 지금, 논란거리가 될 만한 몇 가지 번역어들의 탄생과정에 대해 일러두겠다.

우선 박기현의 번역에서 제목이 바뀐 점을 봐도 알 수 있듯이, 〈Le peintre de la vie moderne〉라는 텍스트는 제목부터 여러 가지 번역 가능성을 열어두고 있다. 사전적 의미만을 고려한다면 〈현대적 삶의 화가〉, 〈현대 생활의 화가〉 등 모두 가능하다. 최근에 발표되는 연구논문들만 봐도 여전히 〈현대적 삶의 화가〉와 〈현대 생활의 화가〉가 뒤섞여 쓰이고 있다. 왜 우리는 이도저도 아닌 〈현대의 삶을 그리는 화가〉로 제목을 정했을까? 〈현대적 삶의 화가〉에서는 '현대적'이라는 수식어가 마뜩찮았다. '현대적'이라는 수식어는 실제 현대가 아니어도 현대의 느낌을 불러일으키는 것이라면 들러붙을 수 있는 수식어인데, 제목이 가리키고 있는 기스라는 화가는 보들레르에 의해 당대의 삶에 눈감지 않고 그 삶을 똑바로 응시하는 화가의 모습으로 묘사된다. 이처럼 moderne 이 '지금 여기'를 명백히 가리키고 있는 맥락을 고려하면, 어물쩍 '현대적'을 내세워 넘어가기는 힘들어진다. 반면 〈현대 생활의 화가〉라는 제목은 '의'라는 조사가 불러일으키는 어색함에도 불구하고 사뭇 유혹적인 제목이었고, 마지막 순간까지 역자를 갈등하게 만든 제목이기도 했다. 갈등의 가장 큰 원인은 '생활'이라는 단어였다. '일상'에 지나치게 근접해 있는 '생활'은 '삶'에 비해 본문에서 그리고 있는 기스의 깊이를 담아내기에는 조금 얕아 보였다. 아무리 기스가 작품에서 대도시 생활을 즐겨 소재로 삼았다 해도, "시적인 그 무엇을 유행으로부터 끌어내"고 "덧없는 것으로부터 영원한 것을 끌어내"는 화가의 모습까지 아우르기에는 '생활'이라는 단어는 역부족이 아닌가 싶었다. 그리하여 〈Le peintre de la vie moderne〉라는 텍스트의 다양한 번역 제목들에다가 〈현대의 삶을 그리는 화가〉라는 제목을 하나 더 덧붙이게 되었다.

그리고 흔히 '거리의 산보객', '도시 산보자', '산책자' 등으로 옮겨지던 flâneur. 벤야민 이후로 그 아우라가 더욱 공고해진 이 유명한 어휘의 번역어로 '소요객'이라는 구닥다리 단어를 사전에서 꺼내어 먼지를 털어내 세상에 내보냈다. flâner라는 단어의 사전적 의미를 살펴보면, '정확한 목적지 없이 어슬렁어슬렁 걷다', '서두르지 않고 발길 닿는 대로 걷다'라는 의미를 갖는다. 보들레르의 텍스트를 보면 그 개념만을 겨눈 보충적인 정확한 설명은 들어 있지 않다. 독자는 그저 맥락을 통해 그 의미를 어림짐작할 수 있을 뿐인데, flâneur는 군중의 물결을 따라 흘러 다니면서 사람들 사이에 파묻혀 일반의 삶을 열정적으로 관찰하는 사람의 또 다른 이름임을 알 수 있다. 딱히 flâneur라는 단어의 일반적 용법을 무시한 비틀기는 보이지 않는다. 보들레르가 자신의 산문시집 제목을 《파리의 우울》로 최종결정하기 전에 고려했다는 제목 가운데에는 '고독한 산책자(Le Promeneur solitaire)'나 '파리의 부랑자(Le Rôdeur parisien)'가 들어 있다. 이들 제목에 들어 있는 promeneur나 rôdeur는 flâneur라는 어휘가 가리키는 개념을 떠받들고 있는 또 다른 어휘들로, 이 세 어휘는 별무리처럼 하나의 개념군을 이루고 있다고 할 수 있다. 사전의 대표적 의미가 '산책하다'인 바람에 기계적으로 '산책하다'로 번역되는 경우가 많으나 그저 '거닐다'로 충분한 promener와, 위험의 냄새를 풍기는 '배회하다(rôder)' 사이에 flâner는 유연하게 자리하고 있다.

비록 '거리의 산보객', '도시 산보자', '산책자'라는 번역어가 그 의미가 강제로 확장되는 바람에 뒤틀린 모습으로나마 어느덧 우리의 모국어에 자리 잡게 됐음은 인정한다 해도, 이 모든 맥락에 비춰봤을 때, 이들이 기존의 번역어라는 이유만으로 아무 고민 없이 덥석 갖다 쓰기는 쉽지 않았다. 우리말 '산책'이나 '산보'에는 '휴식이나 건강을 목적으로 걷기'라는 의미가 너무 강하게 남아 있어서 그 안에 flâneur의 의미를 가둬두기에는 어느 모로 보나 무리였으니까. 이런 고민의 결과 '소요객'이라는 색다른 번역어를 조심스레 제안해보게 되었다. '소요객'은 '자유롭게 이리저리 슬슬 거닐며 돌아다니는 사람'이라는 그 의미만을 보면 flâneur라는 어휘의 번역어로 둘도 없이 맞춤했지만, 생명력을 상실해가고 있는 어휘라는 문제가 여전히 남는다. 다른 번역자의 또 다른 제안이 기대되는 지점이다.

끝으로, homme du monde와 homme des foules의 번역어를 둘러싼 고민 또한 한없이 늘어졌다. homme des foules의 번역어를 보면 '군중 속의 사람'이 우세하고 소수의 연구자가 '군중인'이라는 새로운 번역어를 시도하는 형국이다. 보들레르가 monde의 의미를 확장해서 쓰겠다고 밝힌 homme du monde의 번역어로는 '세계의 인간', '세계인' 등이 보인다. 이 번역본에서 최종적으로 택한 번역어는 '군중 속의 사람'과 '세상 속의 사람'이다. '세계'와 '세상'을 놓고 저울질하다 삶의 결을 갈피갈피 헤집고 다니는 화가에게는 추상도가 높은 '세계'보다는 질펀한 삶을 품고 있는 '세상'이 더 어울리겠다는 판단이 섰고, '세계인'과 '세계주의자'의 거리가 너무 가까워서 보들레르의 의도가 왜곡될 수 있겠다는 위험성을 고려해서도 '세계인'을 피해갔다.

이번 번역은 전공자들의 기존 번역본들이 있는 가운데 소위 전문 번역가로 분류되는 역자에 의해 이루어진 재번역이라고 할 수 있다. 전공자의 번역과 전문 번역가의 번역을 둘러싼 편견들이 만만치 않은 현실이다. 연구능력과 번역능력이 반드시 일치하는 것은 아님을 보여주는 수많은 번역본들이 전공자의 번역에 대한 편견을 부추긴다면, 전문 번역가의 번역을 둘러싼 가장 흔한 편견은 좋게 말하면 잘 읽힌다, 나쁘게 말하면 윤색이 심하다는 것일 터이다. 어쩌면 전문 번역가들은 전공자들보다 원어는 원어로서, 모국어는 모국어로서 철저하게 존중하는 습관이 좀 더 확실하게 들어 있기에 그런 인상을 줬을지도 모르겠다. 몇 가지 색다른 번역어를 시도했던 이유를 설명할 때 눈치를 챌 수 있었겠지만, 역자의 결정에 가장 큰 영향을 줬던 요인은 윤색의 유혹도 아니었고, 사전에 실린 어휘들의 반쯤 죽어 있는 대표 의미도 아니었다. 그저 개별 어휘들은 텍스트 내에 자리 잡을 때에만 중층의 의미망 속에서 살아난다는 소신이었다.

끝으로 번역에 도움을 주신 분들의 이름을 밝혀둔다. 보들레르 전공자로서 여러 가지 소중한 정보를 주신 고려대학교 정명희 선생님, 회화와 관련한 부족한 지식을 보충해주신 조선대학교 김승환 선생님과 백남준 아트센터 박만우 관장님께 이 자리를 빌려 감사의 말씀을 드린다.

2014년 4월
정혜용

작품 해설

기스와 들라크루아 :
현대적 삶의 화가와 위대한 화가

양효실(미학자)

보들레르가 글을 썼던 19세기 중엽의 프랑스, 특히 예술가들의 주요 거주지였던 수도 파리는 경제적으로나 문화적으로 유례가 없을 만큼 호황기를 누리고 있었다. 이국적인 물건들이나 화려한 상품들이 흘러넘치는 백화점, 지배계급으로 부상한 부르주아, 그 계급이 자신들의 부와 외양을 자랑할 수 있는 광장이나 대로를 배경으로 해서 새로운 예술도 막 등장하는 중이었다. 회화에서 인상주의나 리얼리즘, 시에서 상징주의, 소설에서 자연주의와 같은 현대적 유파나 양식들은 각자의 방식대로 이전의 신고전주의나 낭만주의와는 완전히 다른 예술의 '규범'을 제시하고 그것을 정당화하게 된다. 영원한 아름다움이 아니라 눈에 보이고 손으로 만질 수 있는 것만을 그리겠다고 공언한 사실주의 화가 쿠르베, 부르주아의 일상과 대기를 거칠고 번지르르한 '인상'(!)만남은 붓터치로 구성한 인상주의 화가 마네, 부르주아적 삶의 황폐한 무의미를 건조하게 재현한 자연주의 작가 플로베르, 악, 추, 역겨움을 소재로 삼은 상징주의 시인 보들레르. 이들은 각자 관점은 달랐지만 아름답고 영원한 가치를 거부하고 동시대의 삶을 있는 그대로 묘사하려 했다는 점에서는 공통점이 있었다. 이들은 그리스 신화나 위대한 과거를 노래하는 작품을 기대한 부르주아(고객)의 기대를 거부했을 뿐 아니라 심지어 그들의 분노나 혐오를 자아냈다는 점에서 공통점이 있었다. 예술을 세속적이고 일상적인 하찮은 삶을 표현하고 재현하는 문제로 '강등시킨' 이들 작가들을 우리는 '현대(modern)' 예술가라고 부른다. 현대 예술은 이상이 아니라 현실을, 도덕적 교훈이 아니라 무의미를, 긍정이 아니라 부정을 표현했기에 자신의 시대와 불화를 겪었다. 부르주아의 천박한 취향, 자본주의의 악취, 공리주의적 행복의 환영을 거부한 채 이들은 도덕도 의미도 영혼도 사라진 동시대적 삶을 솔직하게, 그러므로 추하게 재현했다. 이들은 아름다운 이상으로 도피하는 대신 저급한 취향의 대중의 비난을 기꺼이 선택했다. 현대 예술은 자신의 시대를 언급하고 비판하면서 자신의 시대에 굳건히 연결되어 있었다.

상징주의 시인 보들레르(1821~1867)는 《악의 꽃》(1857)에서 19세기 중엽 프랑스적인 삶이 어떻게 도덕적으로 '악'한지, 그럼에도 그런 비도덕적인 삶에서 미적인 요소를 끄집어내는 예술가의 역량이 얼마나 대단한지를 보여주려고 했다. 보들레르는 삶보다 예술이, 현실보다 이미지가, 진실보다 허구가 더 아름답고 '가치' 있다고 주장한 예술 지상주의자였다. 보들레르에게 삶이란 그저 예술을 위한 원료, 소재 정도의 가치만을 가졌다. 그래서 보들레르는 예술가의 손이 닿지 않은 날것으로서의 자연 혹은 자연스러움을 혐오했다.

전통적으로 예술이 아름다움을 표현할 자격을 가졌던 것은 아름다운 존재, 대상, 가치가 이미 존재하기 때문이었다. 따라서 그것을 정확히 완벽하게 드러내는 것이 예술의 임무였다. 그러나 보들레르와 같은 유미주의자가 볼 때 더 이상 아름다움이 객관적으로 존재하지 않는 19세기 중엽의 부르주아 사회에서 아름다움은 객관적 실체가 아니라 예술가의 창조 행위를 통해서만 그 지위를 보증 받을 수 있는 주관적 구성물, 인위적 창조물이 되었다. 예술이 아름답다면 삶이 아름다워서가 아니라 예술가가 있어서, 그의 '심미적' 변형 능력이 있어서 그런 것이다. 시집의 제목 '악의 꽃'은 바로 그런 보들레르의 예술론을 압축해서 보여준다. 악에서 꽃을 보거나, 혹은 악이 꽃이려면 극단의 것들을 연결하는 시인, 상상력, 개인 감수성의 힘이 절대적이어야 한다. 혹은 그것이 현대라는 '폐허'를 살아가는 유일한 방법이었다.

보들레르는 시인으로서의 명성과 악명을 얻기 오래 전부터 미술비평문을 썼다. 가령 〈1845년 살롱〉, 〈1846년 살롱〉, 〈1855년 만국박람회전〉, 〈1859년 살롱〉, 〈들라크루아의 삶과 작품〉, 그 외캐리커처 작가들에 대한 비평문이 그 사례들이다. 그가 아주 어릴 때 사망한 아버지는 아마추어 화가였고, 들라크루아, 쿠르베, 마네와 같은 그 시대 화가들과도 막역한 사이였던 보들레르는 전문가적 수준의 안목을 갖고 미술비평문을 썼다. 이번에 번역 출간된 〈현대의 삶을 그리는 화가〉[1](1863)는 텍스트의 제목이 시사하는 것과는 달리 화가의 작품이나 작업에 대한 엄격한 비평문은 아니다. 화가라고 부르기에는 조금 어색한 신문 삽화가인 콩스탕탱 기스(Constantin Guys, 1802~1892)를 소개하고 그의 작업 방식에 대해 분석하는 부분이 주를 이루지만 그 외에 부르주아의 일상과 연관된 주제들 ─가령 축제, 여자, 마차, 댄디─ 에 대한 시론적(時論的) 성격을 갖고 있기도 하고, 저 유명한 '현대성'을 정의하는 문화철학적 담론도 포함되어 있다. 한마디로 말해서 본 텍스트는 '예술이란 무엇인가'에 대한 보들레르 자신의 이론이라고 할 수 있다.

　보들레르의 전체 글쓰기 안에서 본 텍스트가 어떤 의미를 갖는지를 제대로 이해하기 위해 공시적·통시적 맥락을 잠깐 언급할 필요가 있다. 1859년에 우연한 기회로 알게 된 콩스탕탱 기스

---

[1] 이 책에 해설자로 참가한 나는 오랫동안 〈현대의 삶을 그리는 화가〉의 해석에 매달리고 있다. 학위논문을 비롯해서 지금까지 보들레르에 대해 쓴 논문들은 대체로 이 텍스트를 대상으로 한다. 보들레르 '전문가'로서 나는 〈현대적 삶의 화가〉란 번역을 옹호하지만 이번 번역서가 전문 연구자들이 아닌 일반인을 대상으로 한 대중적인 텍스트로서 가독성에 중점을 두었기에, 내가 맡은 해설 부분에서 〈현대적 삶의 화가〉를 〈현대의 삶을 그리는 화가〉로 고쳐 쓰는 데 동의했다.

와의 친분이 인연이 되어 1863년 세 번에 걸쳐 〈피가로〉지에 연재했던 이 텍스트와 비슷한 시기에 보들레르는 《벌거벗은 내 마음》(1859~1865), 그의 말에 따르면 "자기 자신에 대한 위대한 책"을 쓰고 있었다. 일기 형식의 아포리즘으로 구성된 《벌거벗은 내 마음》을 두고 보들레르는 이 텍스트가 "프랑스 사회 전체에 대한 자신의 반감을 드러내고 그것을 통해 자신에 대한 프랑스 국민 전체의 역겨움을 고취시킬" 수 있기를 바란다고 말한 적이 있다. 프랑스인 전체가 자신을 비난할 만큼 모국(母國) 프랑스를 비판하는 글을 쓰겠다는 보들레르의 '배신자형' 야심은 혁명, 역사, 민주주의 등등의 모든 현대적 시스템이나 이념들에 대한 급진적 비판으로 전개되었다. 이는 그 시대 프랑스의 정치적 격변을 현장에서 체험했던 보들레르의 반응이고 결론이었다.

1848년 2월 혁명은 기존 군주정 체제를 전복시키고 공화정을 출범시킨다. 엄격한 계급사회를 뒤로하고 평등과 정의, 민주주의 이념이 실현된 것 같은 분위기가 등장한다. 그러나 노동자를 주축으로 일어난 혁명과 그에 이어진 임시정부 시기의 홍분을 뒤로하고 프랑스는 국민투표를 통해 1852년 나폴레옹 황제의 조카가 나폴레옹 3세로 집권하는 제2제정기로 넘어가게 된다. 보들레르는 젊은 시절 노동자 편에서 2월 혁명에 가담했고 새로운 정치체제로서 공화주의에 큰 기대를 걸었다. 그러나 민주주의의 다수결 원리가 프랑스 정치를 과거로 되돌리는 것을 직접 목격한 뒤 정치적 변화에 대한 모든 관심을 끊고 예술 속으로 은둔한다.

1848년 혁명과 그 여파에 대한 반응이자 역사와 진보를 믿는 이들에 대한 전면적인 거부를 기록한 《벌거벗은 내 마음》은 오늘날의 정치 상황에 대한 비판으로 보아도 손색이 없을 만큼 '몰락'으로 치닫는 시대를 정확히 분석하고 있다. 이렇듯 《벌거벗은 내 마음》이 경제적·문화적 호황을 누리고 있던 제2제정기에 대한 내밀한 비판을 기록한 반면, 같은 시기에 집필된 〈현대의 삶을 그리는 화가〉는 대중 잡지에 실렸고 비평문이라는 점에서 정치적·사회적 언급은 등장하지 않는다. 그러나 두 텍스트는 서로 연동하면서 보들레르 예술론의 사회적 맥락과 세계관을 드러낸다.

통시적으로 〈현대의 삶을 그리는 화가〉는 1845년 이후 보들레르를 사로잡고 있던 '현대적 삶'과 예술의 관계에 대한 오래된 관심, 그리고 거기에 대한 대답으로서 중요한 가치를 갖고 있다. 그해 살롱에 출품된 작품들에 대한 전체적 개괄을 끝낸 뒤, 〈1845년 살롱〉은 다음과 같은 '사족'을 덧붙였다.

현대적 삶의 영웅주의는 우리를 감싸고 우리를 억누르고 있다. 우리의 진정한 느낌은 그것을 인식하기 충분할 만큼 우리를 질식시키고 있다. 서사시들에 없는 것은 주제나 색채가 아니다. 그것은 화가, 진정한 화가, 현실생활에서 그 생활의 서사시적인 부분을 끌어내어서 색채와 데생을 통해 우리가 우리의 넥타이와 에나멜 구두를 신고도 얼마나 위대하고 시적인지를 보게 하고 이해하게 해줄 화가이다. 내년에는 진정한 탐구자들이 나와 새로움의 도래를 경축할 독특한 즐거움을 선사하길 바란다.

1845년의 "현대적 삶의 영웅주의"와 1863년의 "현대의 삶을 그리는 화가" 사이에는 한 작가의 예술가로서의 생애 거의 전부가 자리하고 있고(보들레르는 1867년 46세로 사망한다), 동시에 그가 '현대적 삶(modern life)'이란 문제에 얼마나 천착했는지를 보여준다. 오래된 좋은 것들이 사라진 '현대'에 속한 '우리'의 삶을 재현해야 하는 예술가의 임무는 다름 아닌 보들레르 자신의 임무였고, 그는 스스로 제기한 질문에 스스로 대답한다. 의지할 과거도 참조할 선배도 인용할 규범도 없는 '고아' 의식을 견지했던 이 예술가는 그러나 기이하게도 영웅, 서사시와 같은 기존 예술의 용어들을 사용해서 자기 시대의 차이와 변화를 설명하려고 한다. 부르주아들의 복장을 압축한 "넥타이와 에나멜 구두"를 재현할 화가에게 영웅들의 서사시를 요청하고 있는 것이다. 문화 상대주의자의 태도로 우리에게는 우리만의 영웅과 서사시가 있다고 주장하는 보들레르가 요청한 현대적 서사시, 현대적 영웅들은 그런데 〈1846년 살롱〉에서는 반(反)영웅들로 밝혀진다. 〈1846년 살롱〉의 '현대적 삶의 영웅주의에 관하여'란 절 일부분이다.

대도시의 지하를 떠돌아다니는 우아한 삶과 부유하는 수천의 인간들, 범죄자들과 정부(情婦)들의 광경, 〈판결공보〉지와 〈모니퇴르〉지는 우리가 우리의 영웅주의를 알고자 한다면 단지 눈을 뜨기만 하면 된다는 것을 우리에게 증명하고 있다.

"우리의 영웅주의"는 도덕적으로 비난받고 사법적으로 처벌받는 이들, 가령 "범죄자들과 정부들"의 광경과 동일시되고 있다. 운명과 싸우는 선택받은 예외적 인간으로서의 영웅이란 사전적 정의는 재판정과 신문 가십란에 오르내리는 시시한 인간들과 접합되면서 내적 힘을 상실한다. 보들레르가 영웅이란 단어를 재정의하는 것인지, 영웅이란 단어를 조롱하고 있는지 모호해진다. 이것은 "현대의 삶을 그리는 화가"로 호명된 예술가가 삽화가, 풍속화가라는 부분에서도 역시 분명한 사실이다. 화가라는 이름에 걸맞지 않은 이에게 화가라는 이름을 수여할 때 이것은 기스에게 명예인가, '화가'라는 이름에 대한 조롱인가?

   보들레르의 시, 산문, 비평문을 읽을 때 독자들은 진지한 보들레르와 과장법적 수사로 연극을 하는 보들레르를 만나게 된다. 진지한 예술가는 자신의 독창적인 생각을 전달하고 설득하고 소통하는 데 목적을 둘 것이고, 연극적 예술가는 독자를 조롱하고 분노를 자아내고 속이는 데 골몰한다. 연극적 예술가는 진지한 독자의 허를 찌르면서 생각을 전달하는 수단으로서 언어의 다양성, 모호성, 양가성을 드러내는 데 골몰한다. 작가가 전달하는 표면적 의미와 심층적 의미 사이의 간극을 알아챈 명민한 독자라면 웃을 것이고, 표면적 의미에 반응하는 독자라면 화를 내거나 불쾌해 할 것이다. 보들레르는 이런 두 가지 언어를 자유자재로 구사할 줄 알았던 유미주의자이다. 그는 언어를 믿기도 했고 언어를 믿지 않기도 했다. 보들레르와 같은 유미주의자들은 대단히 진지했지만 그 진지함은 '소통'보다는 '충격'에 더 강조점을 두었다. 또 보들레르는 '소통'이나 '이해'란 단어를 달가워하지 않았다. 그것은 주류 사회나 독자 대중에게 영합하는 것이고 죽은 언어를 한 번 더 사용하는 것에 불과하며 예술을 배반하는 일이었기 때문이다. 유미주의자들은 표면적 의미와 심층적 의미가 불일치하는 아이러니의 전략을 통해 상식을 거스르고 언어가 새로운 힘을 갖기를 원했다. 그러므로 보들레르는 영웅, 서사시, 화가와 연관된 규범적 정의를 거부하면서도 그 단어들을 어울리지 않는 상황, 존재, 삶과 접합시킴으로써 그 '간극'에서 어떤 에너지, 힘이 생성되기를 원했다.

콩스탕탱 기스는 1843년부터 전 세계를 떠돌아다니면서 크로키 형식으로 온갖 다양한 삶을 묘사한 풍속화를 〈일러스트레이티드 런던 뉴스〉란 신문에 기고하고 있었다. 본문에서 기스는 G. 씨란 머리글자로만 등장한다. 이것은 세상에 자신을 노출시키길 꺼리던 기스의 요청에 의한 것으로, "군중과 익명을 열렬히 사랑하는" 화가라면 의당 갖춰야 할 자세일지 모른다. 보들레르는 G. 씨에게 상당히 많은 이름을 수여한다. 관찰자, 소요객(flâneur), 철학자, 시인, 소설가, 모럴리스트, 상황의 화가, 병마에서 갓 벗어난 사람, 군중 속의 인간, 어린아이, 댄디 등등, G. 씨에게 수여된 이름들은 "전문가로서, 농노가 경작지에 매여 있듯 자신의 팔레트에 매여 있는 사람", "손재간만 뛰어난 무식쟁이, 단순 일꾼, 제 고을에서만 수재, 촌뜨기들"로 규정된 예술가의 정반대편에 속한, 보들레르만의 화가를 설명하는 이름들이다.

 G. 씨는 사건 현장에 동석한 종군 사진기자, 특종기자 같은 사람으로 묘사된다. 그는 "격렬하고 맹렬한 즐거움이, 전쟁과 사랑과 도박 등 인간의 감정이 오리노코 강물처럼 장대하게 흐르는 곳이면 어디든지 …(중략)… 이 행복과 불운의 커다란 조각들을 담아내는 축제와 상상의 산물이 한창인 곳이라면 그 어디든지" 나타나 매의 눈으로 모든 차이, 다양성, 개성을 통찰한다. 그러고는 작업실로 돌아와 종이 위에 자신이 본 것을 토해낸다. 이 책에 실린 도판들을 보면 알 수 있겠지만, 콩스탕탱 기스의 풍속화를 '작품'이라 부르기엔 어려울 것이다. 보들레르가 G. 씨를 지나치게 미화하고 있거나 비평가적 안목이 결여된 것이 아닌지 의심이 들 만큼, G. 씨의 그림들은 누가 그렸는지 궁금하지도 않고 오래 보고 싶은 마음도 들지 않는다. 보들레르 역시 그 점을 알고 있고, 그는 G. 씨의 이미지들을 "완벽한 습작", "데생"이라고 부른다. 완성에 이르지 못한 스케치나 크로키에 머문.

 〈현대의 삶을 그리는 화가〉는 전체적으로 시시한 것, 하찮은 것, 굳이 이름을 불러주지 않아도 되는 것들에 바쳐진 아름답고 현란한 수식이고 장식이다. G. 씨도, G. 씨의 그림도, 현대적 삶도 모두 시시한 것들이다. 그러나 "보다 지속적인 것들, 영웅적이거나 종교적인 것들을 그리는 화가"처럼 무시간적이고 초시간적인 것을 그리는 대신 '현대적 삶'을 재현하는 화가, "현재를 재현하는" 화가는 자신의 시대를 외면하지 않는다. 그를 요청한 것은 그의 천부적 재능이 아니라 그의 시대이기 때문이다. 예술가로서의 보들레르는 모든 시대는 자신의 예술을 요청한다고 확신한다. "가장 끔찍스럽고 가장 광기 넘치는 듯 보이는 시기일 때도 아름다움을 추구하는 불멸의 욕구는 흡족할 때까지 자신의 욕구를 채운"다는 믿음을 견지하면서 보들레르는 G. 씨의 "완벽한 습작"을 긍정했다. G. 씨의 손을 통해서 "사물들이 자연보다 더 자연스럽고 아름다움보다 더 아름답게, 특별하게, 저자의 영혼처럼 열광적인 생을 부여받고 종이 위에서 되태어난다."

    저런 표현은 G. 씨의 풍속화가 획득한 가치라기보다는 G. 씨의 이미지를 읽는 보들레르의 것이고, 그렇기에 보들레르가 부르는 예술 찬가라고 보는 게 맞다. 정확하게 그리는 게 미덕이었던 시대에 G. 씨의 미완의 풍속화를 보았던 19세기의 사람들과, 일부러 '완성'을 거부하는 관행이 흘러넘치는 우리 시대 사이에는 백오십 년 이상의 간극이 있다. 그렇기에 보들레르의 문장들이 과연 기스에 대한 평론으로 적절했는가는 논란의 여지가 있을 수밖에 없다. 어쨌든 예술이 예술로 불리는 순간, 그것이 덧없는 순간을 재현하는 예술로서의 위태로운 자리를 지키는 한에서 예술은 삶보다, 자연보다 더 아름답다는 것이 보들레르의 확신이고 주장이다. 이때 예술은 덧없는 현실을 견딜 수 있는 유일한 방식이고, 그 현실 속에서 현실로 망명하는 유일한 방식이다. 보들레르의 은둔과 망명은 세상 속에서 일어난다. "자기 집을 벗어나 있기, 하지만 어디서든 자기 집인 양 느끼기. 세상을 바라보기, 세상 한가운데 있으면서 세상 속에 숨어 있기."

가벼운 글이지만 자세히 읽고, 여러 번 읽고, 어떤 문장들은 품고 다니면서 그 뜻이 풀려나오는 순간을 기다려야 한다. 가령 현대성에 대한 두 개의 정의 중 비교적 홀대받은 정의, "역사의 흐름 속에서 유행이 담아내게 되는 시적인 그 무엇을 유행으로부터 끌어내는 것, 덧없는 것으로부터 영원한 것을 끌어내는 것이 문제이다."는 어찌 보면 쉽고 어찌 보면 어려운 문장이다. 보들레르의 문장에 전제로 깔린 사실, 즉 유행에 시적인 것이 포함되어 있고 일시적인 것에 영원한 것이 포함되어 있다는 믿음은 필자에게는 아직도 명쾌하게 해석되지 않는, 말하자면 시적인 울림을 갖는 부분이다. 표피뿐인 유행과 예술로서의 시, 일시성과 영원성 — 이들은 대립될 뿐 변증법적 종합이 불가능한 항(terms)이다 — 이 이미 하나라는 지적은 앞서 지적했듯이 '오직 예술가의 존재로 말미암아 세계는 심미화된다'는 단순한 줄거리 이상의 모호성을 계속 내포하고 있다.

〈현대의 삶을 그리는 화가〉의 텍스트 중 이후 '소요객'은 벤야민(Walter Benjamin)의 보들레르론에서 중요한 위치를 차지하고, '댄디즘'은 푸코(Michel Foucault)의 후기 존재미학에서 중요한 역할을 하며, '현대성'은 모던, 모더니티, 모더니즘을 이론화한 수많은 포스트모던 담론에서 항상 인용될 것이고, 화장을 둘러싼 여성에 대한 보들레르의 이해는 여성주의에서 논쟁을 일으킬 것이다. 그리고/그러나 고급 미술사에 등재되지 않은 이니셜의 G. 씨는 보들레르 관련 위키피디아에도 등장하지 않을 만큼 미미한 존재로, 보들레르의 〈현대의 삶을 그리는 화가〉 속 글자로 책 속에서 살아간다.

바야흐로 19세기 중엽은 안드레아스 후이센(Andreas Huyssen)의 말을 따른다면, 대중문화와 고급문화 사이에 '대분할(great divide)'이 일어나고 있던 시기이다. 보들레르가 대단히 명민하게 '현대적 화가'라 부르지 않고 "현대의 삶을 그리는 화가"라고 부른 콩스탕탱 기스는 '화가'라는 고급한 이름과 풍속화라는 저급한 문화의 접경지대를 지키는 혼종적인(hybrid) 인물이다. 보들레르는 앞으로 부르주아의 삶에 기생하게 될 '예술'의 운명을 직관했던 시인이다. 그는 자신이 혐오하는 부르주아가 자신의 독자라는 모순적인 사태를 여러 글에서 아이러니컬한 태도로 자주 거론했다. 그는 포스트모던 시대에 이르러 여기저기서 터져 나온 이른바 고급과 저급의 경계 허물기의 주장을 현대의 초입에 이미 실천했다. 기스에게 자신의 예술가적 자의식을 투사하면서, 보들레르는 사회의 변두리와 예술의 변두리를 떠도는 자신의 자유를 긍정한 것이리라.

기스는 보들레르이다.

〈현대의 삶을 그리는 화가〉를 발표한 바로 그 해에, 보들레르는 65세를 일기로 사망한 낭만주의 화가 들라크루아의 삶과 예술에 대해 상당히 긴 비평문을 집필해서 잡지사 〈로피니옹 나시오날〉에 보냈다.

보들레르는 1845년부터 알고 지냈던 스물세 살 연상의 선배 예술가 들라크루아에게 평생 한결같은 애정과 찬사를 보냈다. 보들레르는 〈1845년 살롱〉에서 들라크루아를 "결단코 고대와 현대를 통틀어 가장 독창적인 화가", 〈1846년 살롱〉에서는 "예술에 있어서 진보의 마지막 표현"이라고 아낌없이 극찬했다. 모더니즘 미술사에서 현대 회화의 기원으로 간주하는 마네와의 우정에도 불구하고, 그에게 보내는 편지에서 "당신은 예술의 쇠퇴에 있어서 최초에 불과하다"고 모호하게 평가하였던 것과 비교해보면 보들레르의 들라크루아에 대한 열광은 정말 대단한 것이다. 보들레르의 본격 예술론은 낭만주의, 현대적 미와 같은 문장 속에서 제시되고 있고 그 한가운데 늘 들라크루아란 이름이 등장한다.

그러므로 그가 이렇게 긴 애도의 형식을 띤 평문을 누구의 부탁도 없이 자처해서 썼다는 것은 그리 놀라운 일도 아니다. 본문을 읽어본 독자라면 알겠지만 이 비평문은 동시대 화가의 작품에 대한 유려한 비평문이자, '친구'의 죽음에 대한 애도사이자, 위대한 천재의 삶에 대한 회고록이다.

예술가의 상상력이라는 인공성을 거쳐 교정되지 않은, 자연 그대로의 상태를 경멸했던 보들레르는 리얼리즘 회화를 달가워하지 않았다. 예술가에게 자연, 눈에 보이는 것은 그저 하나의 사전일 뿐이다. 대신에 들라크루아는 "보이지 않는 것, 만질 수 없는 것, 꿈, 활기, 영혼"을 표현했고, 자연에 없는 "선과 색"을 통해 자연을 추월했던 천재이다. 들라크루아의 작품에 대한 보들레르의 비평은 아름답고 매혹적이다. 또 "회의주의, 예의바름, 댄디즘, 열렬한 의지, 속임수, 전횡, 그리고 천재성에 늘 따르기 마련인 일종의 각별한 선의와 온건한 애정이 기묘하게 뒤섞인 인물"인 들라크루아의 사적이고 개인적인 삶에 대한 보들레르의 묘사는 위대한 작가가 그 대가로 견뎌야 하는 고독, 불안, 맹목을 잘 보여준다. 들라크루아는 보들레르 자신과 마찬가지로 "지적 관계를 맺음으로써만 자신의 가족을 만들 수 있는 고고하고 홀로인 사람들" 중 하나였다.

보들레르에게 콩스탕탱 기스가 현대적 삶 한가운데에서 기꺼이 "군중과 결혼한", 현대의 삶을 그리는 화가였다고 한다면, 귀족적인 오만함으로 대중을 혐오했던 들라크루아는 절대적인 의미에서 위대한 화가였다.

참고문헌

Charles Baudelaire, *Le peintre de la vie moderne*, Mille et une nuits, 2010.

Charles Baudelaire, *THE PAINTER OF MODERN LIFE AND OTHER ESSAYS*, tr. and ed. Jonathan Mayne, Phaidon Press Ltd. 1964.

은행나무 위대한 생각 05
현대의 삶을 그리는 화가

1판 1쇄 발행 2014년 4월 9일
1판 3쇄 발행 2025년 3월 26일

지은이 · 샤를 보들레르
옮긴이 · 정혜용
펴낸이 · 주연선

(주)은행나무
04035 서울특별시 마포구 양화로11길 54
전화 · 02)3143-0651~3 | 팩스 · 02)3143-0654
신고번호 · 제 1997—000168호(1997. 12. 12)
www.ehbook.co.kr
ehbook@ehbook.co.kr

ISBN 978-89-5660-768-9 04800
ISBN 978-89-5660-761-0 (세트)

• 이 책의 판권은 지은이와 은행나무에 있습니다. 이 책 내용의 일부 또는 전부를
재사용하려면 반드시 양측의 서면 동의를 받아야 합니다.

• 잘못된 책은 구입처에서 바꿔드립니다.